Delicias de la India

Un Viaje Gastronómico a la Tierra de Especias

Priya Sharma

Resumen

Dosa instantánea 18
    ingredientes 18
    Método 19

Rollo de batata 20
    ingredientes 20
    Método 20

Tortita de papa 21
    ingredientes 21
    Método 22

Murgh Malai Kebab 23
    ingredientes 23
    Método 24

Keema Puffs 25
    ingredientes 25
    Método 26

Pakoda de huevo 28
    ingredientes 28
    Método 29

dosa de huevo 30
    ingredientes 30
    Método 31

Khasta Kachori 32
    ingredientes 32

- Método 33
- Dhokla de legumbres mixtas 34
  - ingredientes 34
  - Método 35
- franky 36
  - ingredientes 36
  - Método 37
- Delicia de besan y queso 38
  - ingredientes 38
  - Para la mezcla de besan: 38
  - Método 39
- Chile Idli 40
  - ingredientes 40
  - Método 40
- canapés de espinacas 41
  - ingredientes 41
  - Método 42
- Paushtik Chaat 43
  - ingredientes 43
  - Método 44
- Rollo de repollo 45
  - ingredientes 45
  - Método 46
- pan de tomate 47
  - ingredientes 47
  - Método 47
- Empanadas de maíz y queso 48

- ingredientes 48
  - Método 48
- Copos de Maíz Chivda 49
  - ingredientes 49
  - Método 50
- rollo de nuez 51
  - ingredientes 51
  - Método 52
- Rollitos de repollo con carne picada 53
  - ingredientes 53
  - Método 54
- Pav Bhaji 55
  - ingredientes 55
  - Método 56
- escalope de soja 57
  - ingredientes 57
  - Método 57
- bhel de maíz 59
  - ingredientes 59
  - Método 59
- Methi Gota 60
  - ingredientes 60
  - Método 61
- Idli 62
  - ingredientes 62
  - Método 62
- IDLI Plus 63

- ingredientes 63
  - Método 64
- Sándwich Masala 65
  - ingredientes 65
  - Método 66
- Brochetas de menta 67
  - ingredientes 67
  - Método 67
- Sevia Upma Verduras 68
  - ingredientes 68
  - Método 69
- bhel 70
  - ingredientes 70
  - Método 70
- Sabudana Khichdi 71
  - ingredientes 71
  - Método 72
- Dhokla sencillo 73
  - ingredientes 73
  - Método 74
- Patata Jaldi 75
  - ingredientes 75
  - Método 75
- dhokla de naranja 76
  - ingredientes 76
  - Método 77
- Muthia de repollo 78

- ingredientes 78
- Método 79
- Rava Dhokla 80
  - ingredientes 80
  - Método 80
- Chapatti Upma 81
  - ingredientes 81
  - Método 82
- Mung Dhokla 83
  - ingredientes 83
  - Método 83
- Chuleta de carne mogolai 84
  - ingredientes 84
  - Método 85
- Masala Vada 86
  - ingredientes 86
  - Método 86
- Chivda de repollo 87
  - ingredientes 87
  - Método 88
- Pan Besan Bhajji 89
  - ingredientes 89
  - Método 89
- Kebab Methi Seekh 90
  - ingredientes 90
  - Método 90
- Jhinga Hariyali 91

ingredientes 91
    Método 92
Methi Adai.. 93
    ingredientes 93
    Método 94
gato guisante... 95
    ingredientes 95
    Método 95
Shingada.. 96
    ingredientes 96
    Para la masa: 96
    Método 97
Cebolla Bhajia.. 98
    ingredientes 98
    Método 98
Bagani Murgh 99
    ingredientes 99
    Para la marinada: 99
    Método 100
Patata Tikki.. 101
    ingredientes 101
    Método 102
Batata Vada 103
    ingredientes 103
    Método 104
Mini brochetas de pollo 105
    ingredientes 105

- Método 105
- Lentejas Asadas 106
  - ingredientes 106
  - Método 107
- Poha nutritiva 108
  - ingredientes 108
  - Método 108
- frijol común 109
  - ingredientes 109
  - Método 110
- Pan Chutney Pakoda 111
  - ingredientes 111
  - Método 111
- Delicia de Methi Khakra 112
  - ingredientes 112
  - Método 112
- Escalopa verde 113
  - ingredientes 113
  - Método 114
- mano 115
  - ingredientes 115
  - Método 116
- Ghugra 117
  - ingredientes 117
  - Método 117
- Brochetas de plátano 119
  - ingredientes 119

- Método 119
- Tartaletas De Verduras 120
  - ingredientes 120
  - Método 121
- Frijoles Bhel germinados 122
  - ingredientes 122
  - Para Decorar : 122
  - Método 123
- Aloo Kachori 124
  - ingredientes 124
  - Método 124
- Dieta Dosa 126
  - ingredientes 126
  - Método 126
- Rodillo de alimentación 128
  - ingredientes 128
  - Método 129
- Sabudana Palak Doodhi Uttapam 130
  - ingredientes 130
  - Método 131
- Poha 132
  - ingredientes 132
  - Método 133
- escalopes de verduras 134
  - ingredientes 134
  - Método 135
- Uppit de soja 136

ingredientes 136
    Método 137
Upma 138
    ingredientes 138
    Método 139
Fideos Upma 140
    ingredientes 140
    Método 141
bonda 142
    ingredientes 142
    Método 143
Dhokla instantáneo 144
    ingredientes 144
    Método 145
Dal Maharani 146
    ingredientes 146
    Método 147
Milagu Kuzhambu 148
    ingredientes 148
    Método 149
Dal Hariyali 150
    ingredientes 150
    Método 151
Dhalcha 152
    ingredientes 152
    Método 153
Tarkari Dhalcha 154

ingredientes 154
    Método 155
Dhokar Dhalna 156
    ingredientes 156
    Método 157
lagarto monitor 158
    ingredientes 158
    Método 158
dulce dhal 159
    ingredientes 159
    Método 160
Dhal agridulce 161
    ingredientes 161
    Método 162
Mung-ni-Dhal 163
    ingredientes 163
    Método 164
Dhal con cebolla y coco 165
    ingredientes 165
    Método 166
Dahi Kadhi 167
    ingredientes 167
    Método 168
espinacas 169
    ingredientes 169
    Método 170
Dal Tawker 171

ingredientes 171
Método 172
Dhal básico 173
ingredientes 173
Método 174
Maa-ki-Dhal 175
ingredientes 175
Método 176
Dhansak 177
ingredientes 177
Para la mezcla de hal: 177
Método 178
Masoor Dal 179
ingredientes 179
Método 179
Panchemel Dal 180
ingredientes 180
Método 181
Cholar Dal 182
ingredientes 182
Método 183
Dilpas y Dhal 184
ingredientes 184
Método 185
Dal Masour 186
ingredientes 186
Método 187

dhal de berenjena 188
    ingredientes 188
    Método 189
Dhal Tadka amarillo 190
    ingredientes 190
    Método 191
rasam 192
    ingredientes 192
    Para la mezcla de especias: 192
    Método 193
Mung Dal sencillo 194
    ingredientes 194
    Método 194
Mung verde entero 195
    ingredientes 195
    Método 196
Dahi Kadhi con Pakoras 197
    ingredientes 197
    Para el kadhi: 197
    Método 198
Mango dulce inmaduro Dhal 199
    ingredientes 199
    Método 200
Malai Dal 201
    ingredientes 201
    Método 202
Sambhar 203

- ingredientes 203
  - Para sasonar: 203
  - Método 204
- tres dals 205
  - ingredientes 205
  - Método 206
- Methi-Pilon Sambhar 207
  - ingredientes 207
  - Método 208
- Dal Shorba 209
  - ingredientes 209
  - Método 209
- Delicioso mungo 211
  - ingredientes 211
  - Método 212
- Masala Toor Dal 213
  - ingredientes 213
  - Método 214
- Mung dhal amarillo seco 215
  - ingredientes 215
  - Método 215
- Urad entera 216
  - ingredientes 216
  - Método 217
- alevines 218
  - ingredientes 218
  - Método 219

Dosa instantánea

(panqueque de arroz instantáneo)

Hace 10-12

ingredientes

85 gramos de harina de arroz

45 gramos de harina integral

45 g de harina blanca normal

25 g de sémola magra

60 g / 2 oz de Besan*

1 cucharadita de comino molido

4 chiles verdes, finamente picados

2 cucharadas de crema agria

Sal al gusto

120ml / 4fl oz de aceite vegetal refinado

Método

- Mezcla todos los ingredientes, excepto el aceite, con suficiente agua para hacer una pasta espesa y líquida.

- Calienta una sartén y vierte una cucharadita de aceite. Vierta 2 cucharadas de masa y extiéndala con el dorso de una cuchara para formar un panqueque.

- Cocine a fuego lento hasta que la parte inferior esté dorada. Regresa y repite.

- Retirar suavemente con una espátula. Repita para la masa restante.

- Sirva caliente con cualquier chutney.

Rollo de batata

Rinde 15-20

ingredientes

4 batatas grandes, cocidas al vapor y en puré

175 g de harina de arroz

4 cucharadas de miel

20 anacardos, ligeramente tostados y picados

20 pasas

Sal al gusto

2 cucharaditas de semillas de sésamo

Mantequilla clarificada para freír

Método

- Mezclar todos los ingredientes excepto el ghee y las semillas de sésamo.

- Forme bolas del tamaño de una nuez y enróllelas en las semillas de sésamo para cubrirlas.

- Calienta el ghee en una sartén antiadherente. Freír las bolitas a fuego medio hasta que estén doradas. Servir caliente.

Tortita de papa

por 30

ingredientes

6 patatas grandes, 3 ralladas más 3 hervidas y trituradas

2 huevos

2 cucharadas de harina blanca natural

½ cucharadita de pimienta negra recién molida

1 cebolla pequeña, finamente picada

120 ml de leche

60 ml / 2 fl oz de aceite vegetal refinado

1 cucharadita de sal

2 cucharadas de aceite

Método

- Mezcle todos los ingredientes excepto el aceite para formar una pasta espesa.

- Calentar una sartén plana y esparcir el aceite sobre ella. Agregue de 2 a 4 cucharadas grandes de masa y extiéndala como un panqueque.

- Cocine cada lado a fuego medio durante 3 a 4 minutos hasta que el crepe esté dorado y crujiente en los bordes.

- Repita para la masa restante. Servir caliente.

Murgh Malai Kebab

(Brocheta de pollo a la crema)

Rinde 25-30

ingredientes

1 cucharadita de pasta de jengibre

1 cucharadita de pasta de ajo

2 chiles verdes

25 g de hojas de cilantro raras, finamente picadas

3 cucharadas de crema

1 cucharadita de harina blanca natural

125 g de queso cheddar rallado

1 cucharadita de sal

500 g / 1 lb 2 oz de pollo deshuesado, finamente picado

Método

- Mezclar todos los ingredientes excepto el pollo.

- Marina los trozos de pollo en la mezcla durante 4 a 6 horas.

- Colóquelo en una fuente para asar y hornee a 165ºC (325ºF, marca de gas 4) durante unos 20-30 minutos, hasta que el pollo esté ligeramente dorado.

- Servir caliente con chutney de menta.

Keema Puffs

(Pretzels rellenos de carne picada)

por 12

ingredientes

250 g de harina blanca normal

½ cucharada de sal

½ cucharadita de polvo para hornear

1 cucharada de mantequilla clarificada

100ml / 3½ onzas de agua

2 cucharadas de aceite vegetal refinado

2 cebollas medianas, finamente picadas

¾ cucharadita de pasta de jengibre

¾ cucharadita de pasta de ajo

6 chiles verdes, finamente picados

1 tomate grande, finamente picado

½ cucharadita de cúrcuma

½ cucharadita de chile en polvo

1 cucharadita de garam masala

125 g de guisantes congelados

4 cucharadas de yogur

2 cucharadas de agua

50 g de hojas de cilantro finamente picadas

500 g de pollo picado

Método

- Tamizar juntos la harina, la sal y la levadura. Agrega ghee y agua. Amasar hasta formar una masa. Dejar reposar 30 minutos y volver a amasar. Poner a un lado.

- Calentar el aceite en una cacerola. Agregue la cebolla, la pasta de jengibre, la pasta de ajo y los chiles verdes. Dorar durante 2 minutos a fuego medio.

- Agrega el tomate, la cúrcuma, el chile en polvo, el garam masala y un poco de sal. Mezcle bien y cocine por 5 minutos, revolviendo con frecuencia.

- Agrega los guisantes, el yogur, el agua, las hojas de cilantro y el pollo picado. Mezclar bien. Cocine por 15 minutos, revolviendo ocasionalmente, hasta que la mezcla esté seca. Poner a un lado.

- Extienda la masa hasta formar un disco grande. Córtelo en forma de cuadrado, luego corte 12 rectángulos pequeños del cuadrado.

- Coloque la mezcla de carne molida en el centro de cada rectángulo y enrolle como si fuera un trozo de papel pergamino.

- Hornee a 175ºC (350ºF, marca de gas 4) durante 10 minutos. Servir caliente.

Pakoda de huevo

(Bocadillo de huevo frito)

por 20

ingredientes

3 huevos batidos

3 rebanadas de pan, cortadas en cuartos

125 g de queso cheddar rallado

1 cebolla, finamente picada

3 chiles verdes, finamente picados

1 cucharada de hojas de cilantro picadas

½ cucharadita de pimienta negra molida

½ cucharadita de chile en polvo

Sal al gusto

Aceite vegetal refinado para freír.

Método

- Mezclar todos los ingredientes excepto el aceite.

- Calienta el aceite en una sartén antiadherente. Agrega cucharadas de mezcla. Freír a fuego medio hasta que estén doradas.

- Escurrir sobre toallas de papel. Servir caliente.

dosa de huevo

(Tortita de arroz y huevo)

Hace 12-14

ingredientes

150 g de urad dhal*

100 g de arroz al vapor

Sal al gusto

4 huevos batidos

Pimienta negra molida al gusto

25 g/1 onza de cebolla magra, finamente picada

2 cucharadas de hojas de cilantro picadas

1 cucharada de aceite vegetal refinado

1 cucharada de mantequilla

Método

- Remojar el dhal y el arroz juntos durante 4 horas. Agregue sal y reduzca hasta obtener una pasta espesa. Dejar fermentar durante la noche.

- Engrasa y calienta una sartén plana. Unte 2 cucharadas de masa encima.

- Vierte 3 cucharadas de huevo sobre la masa. Espolvorea con pimiento, cebolla y hojas de cilantro. Vierte un poco de aceite por los bordes y cocina por 2 minutos. Voltee con cuidado y cocine por otros 2 minutos.

- Repita para el resto de la masa. Ponga una nuez de mantequilla en cada dosa y sirva caliente con chutney de coco.

Khasta Kachori

(Bola de Lentejas Fritas Picantes)

Para 12-15

ingredientes

200 g / 7 oz de aceite de oliva virgen extra*

300 g de harina blanca normal

Sal al gusto

200 ml / 7 onzas de agua

2 cucharadas de aceite vegetal refinado plus para freír

Una pizca de asafétida

225 g/8 oz de dhal mungo*, dejar en remojo una hora y escurrir

1 cucharadita de cúrcuma

1 cucharadita de cilantro molido

4 cucharaditas de semillas de hinojo

2-3 dientes

1 cucharada de hojas de cilantro finamente picadas

3 chiles verdes, finamente picados

2,5 cm de raíz de jengibre finamente picada

1 cucharada de hojas de menta finamente picadas

¼ cucharadita de chile en polvo

1 cucharadita de amchoor*

Método

- Mezclar el besan, la harina y un poco de sal con suficiente agua para formar una masa firme. Poner a un lado.

- Calentar el aceite en una cacerola. Añade la asafétida y deja chisporrotear durante 15 segundos. Agrega el dhal y sofríe durante 5 minutos a fuego medio, revolviendo constantemente.

- Agregue cúrcuma, cilantro molido, semillas de hinojo, clavo, hojas de cilantro, chiles verdes, jengibre, hojas de menta, chile en polvo y amboor. Mezclar bien y cocinar durante 10-12 minutos. Poner a un lado.

- Divida la masa en bolitas del tamaño de un limón. Aplanarlos y extenderlos formando pequeños discos de 12,5 cm de diámetro.

- Coloque una cucharada de la mezcla de dhal en el centro de cada disco. Sellar como una bolsa y aplanar hasta formar puri. Poner a un lado.

- Calentar el aceite en una cacerola. Freír los puris hasta que se inflen.

- Servir caliente con chutney de coco verde.

Dhokla de legumbres mixtas

(Tarta de legumbres al vapor)

por 20

ingredientes

125 g de frijoles mungos enteros*

125 g de kaala chana*

60 g / 2 oz gramo turco

50 g de guisantes secos

75 g de frijoles urad*

2 cucharaditas de chiles verdes

Sal al gusto

Método

- Remoje los frijoles mungo, el kaala chana, el gramo turco y los guisantes secos. Remojar los frijoles urad por separado. Dejar reposar durante 6 horas.

- Muele todos los ingredientes del remojo para hacer una pasta espesa. Fermentar durante 6 horas.

- Agrega los chiles verdes y la sal. Mezclar bien y verter en un molde redondo de 20 cm y cocinar al vapor durante 10 minutos.

- Cortar en forma de diamante. Servir con chutney de menta

franky

Hace 10-12

ingredientes

1 cucharadita de chaat masala*

½ cucharadita de garam masala

½ cucharadita de comino molido

4 patatas grandes, hervidas y trituradas

Sal al gusto

10-12 chapati

Aceite vegetal refinado para engrasar

2-3 chiles verdes, finamente picados y remojados en vinagre blanco

2 cucharadas de hojas de cilantro finamente picadas

1 cebolla, finamente picada

Método

- Mezcla chaat masala, garam masala, comino molido, patatas y sal. Mezcle bien y deje reposar.

- Calienta una sartén y coloca un chapati en ella.

- Rocíe un poco de aceite sobre los chapattis y déles la vuelta para freírlos por un lado. Repite por el otro lado.

- Extienda una capa de la mezcla de papa uniformemente sobre los chapattis calientes.

- Espolvorea con chiles verdes, hojas de cilantro y cebolla.

- Enrolla los chapatis para que la mezcla de papa quede adentro.

- Ase el panecillo en seco en la sartén hasta que esté dorado y sirva caliente.

Delicia de besan y queso

por 25

ingredientes

2 huevos

250 g de queso cheddar rallado

1 cucharadita de pimienta negra molida

1 cucharadita de mostaza molida

½ cucharadita de chile en polvo

60 ml / 2 fl oz de aceite vegetal refinado

Para la mezcla de besan:

50 g de sémola seca tostada

375 g / 13 oz de besan*

200 g de repollo rallado

1 cucharadita de pasta de jengibre

1 cucharadita de pasta de ajo

Una pizca de levadura en polvo

Sal al gusto

Método

- Batir bien 1 huevo. Agrega el queso cheddar, la pimienta, la mostaza molida y el chile en polvo. Mezcle bien y deje reposar.

- Mezcle los ingredientes de la mezcla de besan. Transfiera a un molde redondo de 20 cm y cocine al vapor durante 20 minutos. Una vez enfriados, córtalos en 25 trozos y unta en cada uno la mezcla de huevo y queso.

- Calentar el aceite en una cacerola. Freír los trozos a fuego medio hasta que estén dorados. Servir caliente con chutney de coco verde.

Chile Idli

Para 4 personas

ingredientes

3 cucharadas de aceite vegetal refinado

1 cucharadita de semillas de mostaza

1 cebolla pequeña, rebanada

½ cucharadita de garam masala

1 cucharada de salsa de tomate

4 idlis picados

Sal al gusto

2 cucharadas de hojas de cilantro

Método

- Calentar el aceite en una cacerola. Agrega las semillas de mostaza. Déjalos crepitar durante 15 segundos.

- Agrega todos los ingredientes restantes excepto las hojas de cilantro. Mezclar bien.

- Cocine a fuego medio durante 4-5 minutos, revolviendo suavemente. Adorne con hojas de cilantro. Servir caliente.

canapés de espinacas

por 10

ingredientes

2 cucharadas de mantequilla

10 rebanadas de pan, cortadas en cuartos

2 cucharadas de mantequilla clarificada

1 cebolla, finamente picada

300 g de espinacas finamente picadas

Sal al gusto

125 g de queso de cabra escurrido

4 cucharadas de queso cheddar rallado

Método

- Unte con mantequilla ambos lados de los trozos de pan y hornee en horno precalentado a 200ºC (400ºF, Gas Mark 6) durante 7 minutos. Poner a un lado.

- Calienta el ghee en una cacerola. Saltear la cebolla hasta que esté dorada. Agrega las espinacas y la sal. Cocine por 5 minutos. Agrega el queso de cabra y mezcla bien.

- Unte la mezcla de espinacas sobre las rebanadas de pan tostado. Espolvoree con queso cheddar rallado y cocine a 130°C (250°F, marca de gas ½) hasta que el queso se derrita. Servir caliente.

Paushtik Chaat

(refrigerio saludable)

Para 4 personas

ingredientes

3 cucharaditas de aceite vegetal refinado

½ cucharadita de semillas de comino

2,5 cm de raíz de jengibre picada

1 papa pequeña, hervida y picada

1 cucharadita de garam masala

Sal al gusto

Pimienta negra molida al gusto

250 g de frijoles mungo, cocidos

300 g de frijoles borlotti enlatados

300 g de garbanzos enlatados

10 g de hojas de cilantro picadas

1 cucharadita de jugo de limón

Método

- Calentar el aceite en una cacerola. Agrega las semillas de comino. Déjalos crepitar durante 15 segundos.
- Agrega el jengibre, la papa, el garam masala, la sal y la pimienta. Dorar a fuego medio durante 3 minutos. Añade los frijoles mungo, los frijoles rojos y los garbanzos. Cocine a fuego medio durante 8 minutos.
- Adorne con hojas de cilantro y jugo de limón. Servir frío.

Rollo de repollo

Para 4 personas

ingredientes

1 cucharada de harina blanca natural

3 cucharadas de agua

Sal al gusto

2 cucharadas de aceite vegetal refinado plus para freír

1 cucharadita de semillas de comino

100 g de mezcla de verduras congeladas

1 cucharada de nata líquida

2 cucharadas de paneer*

¼ cucharadita de cúrcuma

1 cucharadita de chile en polvo

1 cucharadita de cilantro molido

1 cucharadita de comino molido

8 hojas grandes de col, remojadas en agua caliente durante 2-3 minutos y escurridas

Método

- Mezcle harina, agua y sal hasta formar una pasta espesa. Poner a un lado.
- Calentar el aceite en una cacerola. Agrega las semillas de comino y déjalas chisporrotear durante 15 segundos. Agrega todos los ingredientes restantes excepto las hojas de col. Cocine a fuego medio durante 2-3 minutos, revolviendo con frecuencia.
- Coloca cucharadas de esta mezcla en el centro de cada hoja de col. Doblar las hojas y sellar los extremos con la pasta de harina.
- Calienta el aceite en una sartén antiadherente. Rebozar los rollitos de col en harina y sofreírlos. Servir caliente.

pan de tomate

Para 4

ingredientes

1 1/2 cucharadas de aceite vegetal refinado

150 g de puré de tomate

3-4 hojas de curry

2 chiles verdes, finamente picados

Sal al gusto

2 patatas grandes, hervidas y cortadas en rodajas

6 rebanadas de pan, picadas

10 g de hojas de cilantro picadas

Método

- Calentar el aceite en una cacerola. Agrega el puré de tomate, las hojas de curry, los chiles verdes y la sal. Cocine por 5 minutos.
- Agrega las patatas y el pan. Deje cocinar a fuego lento durante 5 minutos.
- Adorne con hojas de cilantro. Servir caliente.

Empanadas de maíz y queso

Da 8-10

ingredientes

200 g de maíz dulce

250 g de mozzarella rallada

4 patatas grandes, hervidas y trituradas

2 chiles verdes, finamente picados

2,5 cm de raíz de jengibre finamente picada

1 cucharada de hojas de cilantro picadas

1 cucharadita de jugo de limón

50 g de pan rallado

Sal al gusto

Aceite vegetal refinado para freír.

50 g de sémola

Método

- En un bol mezclar todos los ingredientes, excepto el aceite y la sémola. Dividir en 8 a 10 bolas.
- Calentar el aceite en una cacerola. Enrollar las bolitas en sémola y freír a fuego medio hasta que estén doradas. Servir caliente.

Copos de Maíz Chivda

(Bocadillo de copos de maíz a la parrilla)

Rinde 500 g / 1 libra 2 oz

ingredientes

250 gramos de maní

150 g de chana dhal*

100 g de pasas

125 g de anacardos

200 g de copos de maíz

60 ml / 2 fl oz de aceite vegetal refinado

7 chiles verdes, partidos

25 hojas de curry

½ cucharadita de cúrcuma

2 cucharaditas de azúcar

Sal al gusto

Método

- Ase en seco los cacahuetes, el chana dhal, las pasas, los anacardos y los copos de maíz hasta que estén crujientes. Poner a un lado.
- Calentar el aceite en una cacerola. Agrega los chiles verdes, las hojas de curry y la cúrcuma. Saltee a fuego medio durante un minuto.
- Agrega el azúcar, la sal y todos los ingredientes tostados. Saltee durante 2-3 minutos.
- Déjelo enfriar y guárdelo en un recipiente hermético hasta por 8 días.

rollo de nuez

Para 20-25

ingredientes

140 g de harina blanca normal

240 ml de leche

1 cucharada de mantequilla

Sal al gusto

Pimienta negra molida al gusto

½ cucharada de hojas de cilantro finamente picadas

3-4 cucharadas de queso cheddar rallado

¼ de cucharadita de nuez moscada rallada

125 g de anacardos molidos gruesos

125 g de maní molido grueso

50 g de pan rallado

Aceite vegetal refinado para freír.

Método

- Mezclar en un cazo 85 g de harina con la leche. Agrega la mantequilla y cocina la mezcla, revolviendo constantemente, a fuego lento hasta que espese.
- Agrega sal y pimienta. Deja enfriar la mezcla durante 20 minutos.
- Agrega las hojas de cilantro, el queso cheddar, la nuez moscada, los anacardos y el maní. Mezclar bien. Poner a un lado.
- Espolvorea la mitad del pan rallado en un plato.
- Eche cucharaditas de la mezcla de harina sobre el pan rallado y haga hogazas pequeñas. Poner a un lado.
- Mezclar la harina restante con suficiente agua para hacer una masa fina. Sumerge los panecillos en la masa y vuelve a pasarlos por el pan rallado.
- Calentar el aceite en una cacerola. Freír los rollitos a fuego medio hasta que estén dorados.
- Servir caliente con ketchup o chutney de coco verde.

Rollitos de repollo con carne picada

por 12

ingredientes

1 cucharada de aceite vegetal refinado más extra para freír

2 cebollas, finamente picadas

2 tomates, finamente picados

½ cucharada de pasta de jengibre

½ cucharada de pasta de ajo

2 chiles verdes, rebanados

½ cucharadita de cúrcuma

½ cucharadita de chile en polvo

¼ cucharadita de pimienta negra molida

500 g de pollo picado

200 g de guisantes congelados

2 patatas pequeñas, cortadas en cubitos

1 zanahoria grande, cortada en cubitos

Sal al gusto

25 g de hojas de cilantro raras, finamente picadas

12 hojas grandes de col, blanqueadas

2 huevos batidos

100 g de pan rallado

Método

- Calienta 1 cucharada de aceite en una cacerola. Saltee las cebollas hasta que estén transparentes.
- Agregue los tomates, la pasta de jengibre, la pasta de ajo, los chiles verdes, la cúrcuma, el chile en polvo y la pimienta. Mezcla bien y cocina por 2 minutos a fuego medio.
- Agrega el pollo picado, los guisantes, las patatas, las zanahorias, la sal y las hojas de cilantro. Cocine a fuego lento durante 20 a 30 minutos, revolviendo ocasionalmente. Refrigera la mezcla por 20 minutos.
- Ponga cucharadas de la mezcla picada en una hoja de col y enróllela. Repita para las hojas restantes. Asegure los rollos con un palillo.
- Calentar el aceite en una cacerola. Pasar los rollitos por huevo, rebozar con pan rallado y freír hasta que estén dorados.
- Escurrir y servir caliente.

Pav Bhaji

(Verduras picantes con pan)

Para 4 personas

ingredientes

2 patatas grandes hervidas

200 g de verdura variada congelada (pimientos verdes, zanahoria, coliflor y guisantes)

2 cucharadas de mantequilla

1 ½ cucharadita de pasta de ajo

2 cebollas grandes, ralladas

4 tomates grandes, picados

250 ml / 8 onzas líquidas de agua

2 cucharaditas de pav bhaji masala*

1½ cucharadita de chile en polvo

¼ cucharadita de cúrcuma

Jugo de 1 limón

Sal al gusto

1 cucharada de hojas de cilantro picadas

Mantequilla tostada

4 panes para hamburguesa, cortados por la mitad

1 cebolla grande, finamente picada

rodajas de limon

Método

- Triturar bien las verduras. Poner a un lado.
- Calentar la mantequilla en una cacerola. Agrega la pasta de ajo y la cebolla y saltea hasta que las cebollas estén doradas. Agrega los tomates y saltea, revolviendo ocasionalmente, a fuego medio durante 10 minutos.
- Agrega el puré de verduras, el agua, el pav bhaji masala, el chile en polvo, la cúrcuma, el jugo de limón y la sal. Cocine a fuego lento hasta que la salsa esté espesa. Triture y cocine durante 3-4 minutos, revolviendo constantemente. Espolvorea con hojas de cilantro y mezcla bien. Poner a un lado.
- Calienta una sartén plana. Unta un poco de mantequilla y asa los panecillos de hamburguesa hasta que estén crujientes por ambos lados.
- Sirve la mezcla de verduras caliente con los sándwiches, con la cebolla y las rodajas de limón a un lado.

escalope de soja

por 10

ingredientes

300 g/10 oz de mungo dhal*, dejar en remojo durante 4 horas

Sal al gusto

400 g / 14 oz de gránulos de soja, remojados en agua tibia durante 15 minutos

1 cebolla grande, finamente picada

2-3 chiles verdes, finamente picados

1 cucharadita de amchoor*

1 cucharadita de garam masala

2 cucharadas de hojas de cilantro picadas

150 g de paneer* o tofu rallado

Aceite vegetal refinado para freír.

Método

- No vacíes el dhal. Agrega sal y cocina en una cacerola a fuego medio durante 40 minutos. Poner a un lado.
- Escurrir las semillas de soja. Mezclar con dhal y triturar hasta obtener una pasta espesa.

- En una sartén antiadherente, mezcla esta pasta con todos los ingredientes restantes, excepto el aceite. Cocine a fuego lento hasta que se seque.
- Divida la mezcla en bolitas del tamaño de un limón y forme chuletas.
- Calentar el aceite en una cacerola. Freír las chuletas hasta que estén doradas.
- Servir caliente con chutney de menta.

bhel de maíz

(Snack de maíz picante)

Para 4 personas

ingredientes

200 g de granos de elote cocidos

100 g de cebolletas, finamente picadas

1 papa, hervida, pelada y finamente picada

1 tomate, finamente picado

1 pepino, finamente picado

10 g de hojas de cilantro picadas

1 cucharadita de chaat masala*

2 cucharaditas de jugo de limón

1 cucharada de chutney de menta

Sal al gusto

Método

- En un bol, mezcle todos los ingredientes hasta que estén bien combinados.
- Servir inmediatamente.

Methi Gota

(Bola de fenogreco frita)

por 20

ingredientes

500 g / 1 libra 2 oz de besan*

45 gramos de harina integral

125 g de yogur

4 cucharadas de aceite vegetal refinado más extra para freír

2 cucharaditas de bicarbonato de sodio

50 g de hojas frescas de fenogreco, finamente picadas

50 g de hojas de cilantro finamente picadas

1 plátano maduro, pelado y triturado

1 cucharada de semillas de cilantro

10-15 granos de pimienta negra

2 chiles verdes

½ cucharadita de pasta de jengibre

½ cucharadita de garam masala

Una pizca de asafétida

1 cucharadita de chile en polvo

Sal al gusto

Método
- Mezcle el besan, la harina y el yogur.
- Agrega 2 cucharadas de aceite y el bicarbonato de sodio. Dejar fermentar durante 2-3 horas.
- Agregue todos los ingredientes restantes excepto el aceite. Mezclar bien para obtener una pasta espesa.
- Calienta 2 cucharadas de aceite y agrégalas a la masa. Mezclar bien y dejar reposar durante 5 minutos.
- Calienta el aceite restante en una cacerola. Echar pequeñas cucharadas de masa en el aceite y freír hasta que estén doradas.
- Escurrir sobre toallas de papel. Servir caliente.

Idli

(Pastel de arroz al vapor)

Para 4 personas

ingredientes

500 g / 1 libra 2 oz de arroz, remojado durante la noche

300 g/10 oz de urad dhal*, remojar durante la noche

1 cucharada de sal

Una pizca de bicarbonato de sodio

Aceite vegetal refinado para engrasar

Método

- Escurrir el arroz y el dhal y molerlos juntos.
- Agrega sal y bicarbonato de sodio. Dejar fermentar de 8 a 9 horas.
- Engrasa los moldes para cupcakes. Vierta la mezcla de arroz y dhal hasta que queden hasta la mitad. Cocine al vapor durante 10 a 12 minutos.
- Cava los idlis. Servir caliente con chutney de coco.

IDLI Plus

(Pastel de arroz al vapor con condimento)

Para 6 personas

ingredientes

500 g / 1 libra 2 oz de arroz, remojado durante la noche

300 g/10 oz de urad dhal*, remojar durante la noche

1 cucharada de sal

¼ cucharadita de cúrcuma

1 cucharada de azúcar granulada

Sal al gusto

1 cucharada de aceite vegetal refinado

½ cucharadita de semillas de comino

½ cucharadita de semillas de mostaza

Método

- Escurrir el arroz y el dhal y molerlos juntos.
- Agrega sal y deja fermentar de 8 a 9 horas.
- Agrega la cúrcuma, el azúcar y la sal. Mezcle bien y deje reposar.
- Calentar el aceite en una cacerola. Agrega el comino y las semillas de mostaza. Déjalos crepitar durante 15 segundos.
- Agrega la mezcla de arroz y dhal. Cubra con una tapa y cocine por 10 minutos.
- Destapa y agita la mezcla. Tapar nuevamente y cocinar por 5 minutos.
- Pincha el idli con un tenedor. Si el tenedor sale limpio, el idli está terminado.
- Cortarlo en trozos y servir caliente con chutney de coco.

Sándwich Masala

Para 6

ingredientes

2 cucharaditas de aceite vegetal refinado

1 cebolla pequeña, finamente picada

¼ cucharadita de cúrcuma

1 tomate grande, finamente picado

1 papa grande, hervida y triturada

1 cucharada de guisantes hervidos

1 cucharadita de chaat masala*

Sal al gusto

10 g de hojas de cilantro picadas

50 g de mantequilla

12 rebanadas de pan

Método

- Calentar el aceite en una cacerola. Agrega la cebolla y saltea hasta que esté transparente.
- Agrega la cúrcuma y el tomate. Saltee a fuego medio durante 2-3 minutos.
- Agrega la papa, los guisantes, el chaat masala, la sal y las hojas de cilantro. Mezclar bien y cocinar por un minuto a fuego lento. Poner a un lado.
- Unte con mantequilla las rebanadas de pan. Coloque una capa de mezcla de verduras en seis rebanadas. Cubra con las rebanadas restantes y cocine a la parrilla durante 10 minutos. Voltee y cocine nuevamente durante 5 minutos. Servir caliente.

Brochetas de menta

Para 8

ingredientes

10 g de hojas de menta finamente picadas

500 g de queso de cabra escurrido

2 cucharaditas de harina de maíz

10 anacardos, picados en trozos grandes

½ cucharadita de pimienta negra molida

1 cucharadita de amchoor*

Sal al gusto

Aceite vegetal refinado para freír.

Método

- Mezclar todos los ingredientes excepto el aceite. Amasar hasta obtener una masa suave pero compacta. Divídelas en 8 bolitas del tamaño de un limón y tritúralas.
- Calentar el aceite en una cacerola. Freír las brochetas a fuego medio hasta que estén doradas.
- Servir caliente con chutney de menta.

Sevia Upma Verduras

(Snacks de fideos vegetales)

Para 4 personas

ingredientes

5 cucharadas de aceite vegetal refinado

1 pimiento verde grande, finamente picado

¼ cucharadita de semillas de mostaza

2 chiles verdes, cortados a lo largo

200 g de fideos

8 hojas de curry

Sal al gusto

Una pizca de asafétida

50 g de judías verdes finamente picadas

1 zanahoria, finamente picada

50 g de guisantes congelados

1 cebolla grande, finamente picada

25 g de hojas de cilantro raras, finamente picadas

Jugo de 1 limón (opcional)

Método

- Calienta 2 cucharadas de aceite en una cacerola. Freír el pimiento verde durante 2-3 minutos. Poner a un lado.
- Calienta 2 cucharadas de aceite en otra sartén. Agrega las semillas de mostaza. Déjalos crepitar durante 15 segundos.
- Agregue los chiles verdes y los fideos. Dorar durante 1 a 2 minutos a fuego medio, revolviendo ocasionalmente. Agrega las hojas de curry, la sal y la asafétida.
- Humedecemos con un poco de agua y añadimos el pimiento verde frito, las judías verdes, la zanahoria, los guisantes y la cebolla. Mezclar bien y cocinar durante 3-4 minutos a fuego medio.
- Cubra con una tapa y cocine por un minuto más.
- Espolvorea con hojas de cilantro y jugo de limón. Servir caliente con chutney de coco.

bhel

(bocadillo de arroz inflado)

Para 4-6 personas

ingredientes

2 patatas grandes, hervidas y cortadas en cubitos

2 cebollas grandes, finamente picadas

125 g de maní tostado

2 cucharadas de comino molido, tostado en seco

Mezcla de Bhel de 300 g/10 oz

250 g de chutney de mango dulce y picante

60 g de chutney de menta

Sal al gusto

25 g / 1 oz de hojas de cilantro alternativo, picadas

Método

- Mezclar las patatas, la cebolla, el maní y el comino molido con el Bhel Mix. Añade los dos chutneys y la sal. Revuelve para combinar.
- Completar con hojas de cilantro. Servir inmediatamente.

Sabudana Khichdi

(Snack de sagú con patatas y maní)

Para 6 personas

ingredientes

300 g de sagú

250 ml / 8 onzas líquidas de agua

250 g de maní molido grueso

Sal al gusto

2 cucharaditas de azúcar granulada

25 g / 1 oz de hojas de cilantro alternativo, picadas

2 cucharadas de aceite vegetal refinado

1 cucharadita de semillas de comino

5-6 chiles verdes, finamente picados

100 g de patatas cocidas y picadas

Método

- Remojar el sagú durante la noche en agua. Agrega el maní, la sal, el azúcar granulada y las hojas de cilantro y mezcla bien. Poner a un lado.
- Calentar el aceite en una cacerola. Agregue las semillas de comino y los chiles verdes. Freír durante unos 30 segundos.
- Agrega las patatas y saltea durante 1 a 2 minutos a fuego medio.
- Agrega la mezcla de sagú. Mezclar y mezclar bien.
- Cubra con una tapa y cocine a fuego lento durante 2-3 minutos. Servir caliente.

Dhokla sencillo

(Pastel al vapor sencillo)

por 25

ingredientes

250 g de chana dhal*, dejar en remojo toda la noche y escurrir

2 chiles verdes

1 cucharadita de pasta de jengibre

Una pizca de asafétida

½ cucharadita de bicarbonato de sodio

Sal al gusto

2 cucharadas de aceite vegetal refinado

½ cucharadita de semillas de mostaza

4-5 hojas de curry

4 cucharadas de coco fresco, rallado

10 g de hojas de cilantro picadas

Método

- Muele el dhal hasta obtener una pasta gruesa. Dejar en infusión de 6 a 8 horas.
- Agrega los chiles verdes, la pasta de jengibre, la asafétida, el bicarbonato de sodio, la sal, 1 cucharada de aceite y un poco de agua. Mezclar bien.
- Unte con mantequilla un molde para tarta de 20 cm de diámetro y rellénelo con masa.
- Cocine al vapor durante 10 a 12 minutos. Poner a un lado.
- Calienta el aceite restante en una cacerola. Agrega las semillas de mostaza y las hojas de curry. Déjalos crepitar durante 15 segundos.
- Viértelo sobre los dhoklas. Adorne con hojas de coco y cilantro. Cortar en trozos y servir caliente.

Patata Jaldi

Para 4 personas

ingredientes

2 cucharaditas de aceite vegetal refinado

1 cucharadita de semillas de comino

1 pimiento verde, rebanado

½ cucharadita de sal negra

1 cucharadita de amchoor*

1 cucharadita de cilantro molido

4 patatas grandes, hervidas y cortadas en cubitos

2 cucharadas de hojas de cilantro picadas

Método

- Calentar el aceite en una cacerola. Agrega las semillas de comino y déjalas chisporrotear durante 15 segundos.
- Agrega todos los demás ingredientes. Mezclar bien. Deje cocinar a fuego lento durante 3-4 minutos. Servir caliente.

dhokla de naranja

(pastel de naranja al vapor)

por 25

ingredientes

50 g de sémola

250 g / 9 oz de besan*

250 ml de crema agria

Sal al gusto

100ml / 3½ onzas de agua

4 dientes de ajo

1 cm de raíz de jengibre

3-4 chiles verdes

100 g de zanahorias ralladas

¾ cucharadita de bicarbonato de sodio

¼ cucharadita de cúrcuma

Aceite vegetal refinado para engrasar

1 cucharadita de semillas de mostaza

10-12 hojas de curry

50 g de coco rallado

25 g de hojas de cilantro raras, finamente picadas

Método

- Mezclar sémola, besan, crema agria, sal y agua. Dejar fermentar durante la noche.
- Muele juntos el ajo, el jengibre y la guindilla.
- Agrega a la masa fermentada con la zanahoria, el bicarbonato y la cúrcuma. Mezclar bien.
- Unta con un chorrito de aceite un molde para tarta de 20 cm de diámetro. Vierta la masa en él. Cocine al vapor durante unos 20 minutos. Dejar enfriar y cortar en trozos.
- Calentar un poco de aceite en una cacerola. Agrega las semillas de mostaza y las hojas de curry. Dorarlos durante 30 segundos. Viértalo sobre los trozos de dhokla.
- Adorne con hojas de coco y cilantro. Servir caliente.

Muthia de repollo

(Croquetas de Repollo al Vapor)

Para 4 personas

ingredientes

250 gramos de harina integral

100 g de repollo picado

½ cucharadita de pasta de jengibre

½ cucharadita de pasta de ajo

Sal al gusto

2 cucharaditas de azúcar

1 cucharada de jugo de limón

2 cucharadas de aceite vegetal refinado

1 cucharadita de semillas de mostaza

1 cucharada de hojas de cilantro picadas

Método

- Combine la harina, el repollo, la pasta de jengibre, la pasta de ajo, la sal, el azúcar, el jugo de limón y 1 cucharada de aceite. Amasar hasta obtener una masa suave.
- Hacer 2 bollos largos con la masa. Cocer al vapor durante 15 minutos. Dejar enfriar y cortar en rodajas. Poner a un lado.
- Calienta el aceite restante en una cacerola. Agrega las semillas de mostaza. Déjalos crepitar durante 15 segundos.
- Agrega los rollitos en rodajas y sofríe a fuego medio hasta que estén dorados. Decorar con hojas de cilantro y servir caliente.

Rava Dhokla

(pastel de sémola al vapor)

Hace 15-18

ingredientes

200 g de sémola

240 ml de crema agria

2 cucharaditas de chiles verdes

Sal al gusto

1 cucharadita de pimiento rojo en polvo

1 cucharadita de pimienta negra molida

Método

- Mezclar la sémola y la crema agria. Fermentar durante 5-6 horas.
- Agrega los chiles verdes y la sal. Mezclar bien.
- Colocar la mezcla de sémola en un molde para pastel redondo de 20 cm. Espolvorea con chile en polvo y pimienta. Cocer al vapor durante 10 minutos.
- Cortar en trozos y servir caliente con chutney de menta.

Chapatti Upma

(Merienda rápida de chapatti)

Para 4 personas

ingredientes

6 chapatis sobrantes partidos en trozos pequeños

2 cucharadas de aceite vegetal refinado

¼ cucharadita de semillas de mostaza

10-12 hojas de curry

1 cebolla mediana, picada

2-3 chiles verdes, finamente picados

¼ cucharadita de cúrcuma

Jugo de 1 limón

1 cucharadita de azúcar

Sal al gusto

10 g de hojas de cilantro picadas

Método

- Calentar el aceite en una cacerola. Agrega las semillas de mostaza. Déjalos crepitar durante 15 segundos.
- Agrega las hojas de curry, la cebolla, los chiles y la cúrcuma. Saltee a fuego medio hasta que la cebolla se dore ligeramente. Agrega los chapatis.
- Espolvorea con jugo de limón, azúcar y sal. Mezclar bien y cocinar a fuego medio durante 5 minutos. Decorar con hojas de cilantro y servir caliente.

Mung Dhokla

(Pastel mungo al vapor)

son alrededor de 20

ingredientes

250 g/9 oz de mungo dhal*, dejar en remojo durante 2 horas

150 ml de crema agria

2 cucharadas de agua

Sal al gusto

2 zanahorias ralladas o 25 g de col rallada

Método

- Escurrir el dhal y molerlo.
- Agrega la crema agria y el agua y deja fermentar durante 6 horas. Agrega la sal y mezcla bien para obtener la pasta.
- Unta con mantequilla un molde para tarta de 20 cm de diámetro y vierte en él la masa. Espolvorea con zanahorias o repollo. Cocine al vapor durante 7 a 10 minutos.
- Cortar en trozos y servir con chutney de menta.

Chuleta de carne mogolai

(Chuleta Rica de Carne)

por 12

ingredientes

1 cucharadita de pasta de jengibre

1 cucharadita de pasta de ajo

Sal al gusto

500 g de cordero deshuesado y troceado

240 ml / 8 onzas líquidas de agua

1 cucharada de comino molido

¼ cucharadita de cúrcuma

Aceite vegetal refinado para freír.

2 huevos batidos

50 g de pan rallado

Método
- Mezcle la pasta de jengibre, la pasta de ajo y la sal. Marinar el cordero en esta mezcla durante 2 horas.
- En una cacerola cuece el cordero con el agua a fuego medio hasta que esté tierno. Reserva el caldo y reserva el cordero.
- Agrega el comino y la cúrcuma al caldo. Mezclar bien.
- Transfiera el caldo a una cacerola y cocine a fuego lento hasta que el agua se evapore. Marinar nuevamente el cordero en esta mezcla durante 30 minutos.
- Calentar el aceite en una cacerola. Pasar cada trozo de cordero por el huevo batido, pasarlo por pan rallado y freír hasta que esté dorado. Servir caliente.

Masala Vada

(ravioles fritos picantes)

por 15

ingredientes

300 g/10 oz de chana dhal*, sumergido en 500 ml de agua durante 3-4 horas

50 g de cebolla finamente picada

25 g / 1 oz de hojas de cilantro alternativo, picadas

25 g/1 oz de hojas de eneldo finamente picadas

½ cucharadita de semillas de comino

Sal al gusto

3 cucharadas de aceite vegetal refinado más extra para freír

Método

- Muele el dhal en trozos grandes. Mezclar con todos los ingredientes, excepto el aceite.
- Agrega 3 cucharadas de aceite a la mezcla de dhal. Haz albóndigas redondas y planas.
- Calienta el aceite restante en una sartén antiadherente. Freír las albóndigas. Servir caliente.

Chivda de repollo

(Snack de repollo y arroz batido)

Para 4 personas

ingredientes

100 g de col, finamente picada

Sal al gusto

3 cucharadas de aceite vegetal refinado

125 gramos de maní

150 g de chana dhal*, asar

1 cucharadita de semillas de mostaza

Una pizca de asafétida

200 g / 7 oz de poha* empapado en agua

1 cucharadita de pasta de jengibre

4 cucharaditas de azúcar

1 1/2 cucharadas de jugo de limón

25 g / 1 oz de hojas de cilantro alternativo, picadas

Método

- Mezcle el repollo con la sal y déjelo reposar durante 10 minutos.
- Calienta 1 cucharada de aceite en una sartén antiadherente. Freír los cacahuetes y el chana dhal durante 2 minutos a fuego medio. Escurrir y reservar.
- Calienta el aceite restante en una sartén antiadherente. Freír las semillas de mostaza, la asafétida y la col durante 2 minutos. Espolvoree con agua, cubra con una tapa y cocine a fuego lento durante 5 minutos. Agrega poha, pasta de jengibre, azúcar, jugo de limón y sal. Mezclar bien y cocinar por 10 minutos.
- Adorne con hojas de cilantro, maní frito y dhal. Servir caliente.

Pan Besan Bhajji

(Bocadillo de pan y harina de garbanzos)

por 32

ingredientes

175g / 6oz Besan*

1250 ml / 5 onzas líquidas de agua

½ cucharadita de semillas de ajwain

Sal al gusto

Aceite vegetal refinado para freír.

8 rebanadas de pan, cortadas por la mitad

Método

- Haga una pasta espesa mezclando besan con agua. Agrega las semillas de ajwain y la sal. Batir bien.
- Calienta el aceite en una sartén antiadherente. Sumerge las rebanadas de pan en la masa y fríelas hasta que estén doradas. Servir caliente.

Kebab Methi Seekh

(Brocheta de Menta con Hojas de Alholva)

Da 8-10

ingredientes

100 g de hojas de fenogreco picadas

3 patatas grandes hervidas y en puré

1 cucharadita de pasta de jengibre

1 cucharadita de pasta de ajo

4 chiles verdes, finamente picados

1 cucharadita de comino molido

1 cucharadita de cilantro molido

½ cucharadita de garam masala

Sal al gusto

2 cucharadas de pan rallado

Aceite vegetal refinado para cepillar

Método

- Mezclar todos los ingredientes excepto el aceite. Formar albóndigas.
- Ensartar y cocinar en una parrilla de carbón, rociando con aceite y volteando ocasionalmente. Servir caliente.

Jhinga Hariyali

(Camarones verdes)

por 20

ingredientes

Sal al gusto

Jugo de 1 limón

20 camarones, pelados y sin cáscara (sostenga la cola)

75 g de hojas de menta finamente picadas

75 g de hojas de cilantro picadas

1 cucharadita de pasta de jengibre

1 cucharadita de pasta de ajo

Una pizca de garam masala

1 cucharada de aceite vegetal refinado

1 cebolla pequeña, rebanada

Método

- Frote sal y jugo de limón sobre los camarones. Dejar reposar durante 20 minutos.
- Muele 50 g de hojas de menta, 50 g de hojas de cilantro, pasta de jengibre, pasta de ajo y garam masala.
- Agregue a los camarones y reserve durante 30 minutos. Rocíe aceite encima.
- Ensarta los camarones en una brocheta y cocínalos en una parrilla de carbón, dándoles la vuelta de vez en cuando.
- Adorne con el resto de las hojas de cilantro y menta y la cebolla en rodajas. Servir caliente.

Methi Adai

(panqueque de fenogreco)

Rinde 20-22

ingredientes

100 gramos de arroz

100 g / 3½ oz de urad dhal*

100 g/3½ oz de chal mung*

100 g de chana dhal*

100 g de masur dhal*

Una pizca de asafétida

6-7 hojas de curry

Sal al gusto

50 g de hojas frescas de fenogreco, picadas

Aceite vegetal refinado para engrasar

Método

- Remojar el arroz y el dhal juntos durante 3-4 horas.
- Escurrir el arroz y el dhal y añadir la asafétida, las hojas de curry y la sal. Triturar en trozos grandes y dejar fermentar durante 7 horas. Agrega las hojas de fenogreco.
- Unta con mantequilla una sartén y caliéntala. Agrega una cucharada de la mezcla fermentada y extiende para formar un panqueque. Rocíe un poco de aceite por los bordes y cocine a fuego medio durante 3-4 minutos. Voltee y cocine por otros 2 minutos.
- Repita para el resto de la masa. Servir caliente con chutney de coco.

gato guisante

Para 4 personas

ingredientes

2 cucharaditas de aceite vegetal refinado

½ cucharadita de semillas de comino

300 g de guisantes enlatados

½ cucharadita de amchoor*

¼ cucharadita de cúrcuma

¼ de cucharadita de garam masala

1 cucharadita de jugo de limón

5 cm de raíz de jengibre, pelada y cortada en juliana

Método

- Calentar el aceite en una cacerola. Agrega las semillas de comino y déjalas chisporrotear durante 15 segundos. Añade los guisantes, el amboor, la cúrcuma y el garam masala. Mezclar bien y cocinar durante 2-3 minutos, revolviendo ocasionalmente.
- Adorne con jugo de limón y jengibre. Servir caliente.

Shingada

(sabroso bengalí)

Da 8-10

ingredientes

2 cucharadas de aceite vegetal refinado y extra para freír

1 cucharadita de semillas de comino

200 g de guisantes cocidos

2 patatas cocidas y picadas

1 cucharadita de cilantro molido

Sal al gusto

Para la masa:

350 g de harina blanca normal

¼ cucharadita de sal

Agua

Método

- Calienta 2 cucharadas de aceite en una cacerola. Agrega las semillas de comino. Déjalos crepitar durante 15 segundos. Agrega los guisantes, las patatas, el cilantro molido y la sal. Mezclar bien y cocinar a fuego medio durante 5 minutos. Poner a un lado.
- Prepare conos de hojaldre con ingredientes de hojaldre, como en la receta de samosa de papa. Rellenar los conos con la mezcla de verduras y sellar.
- Calienta el aceite restante en una sartén antiadherente. Freír los conos a fuego medio hasta que estén dorados. Servir caliente con chutney de menta.

Cebolla Bhajia

(tortitas de cebolla)

por 20

ingredientes

250 g / 9 oz de besan*

4 cebollas grandes, en rodajas finas

Sal al gusto

½ cucharadita de cúrcuma

150 mililitros de agua

Aceite vegetal refinado para freír.

Método

- Mezcle besan, cebolla, sal y cúrcuma. Agrega el agua y mezcla bien.
- Calienta el aceite en una sartén antiadherente. Agrega cucharadas de la mezcla y fríe hasta que estén doradas. Escurrir sobre papel absorbente y servir caliente.

Bagani Murgh

(Pollo con Pasta de Anacardos)

por 12

ingredientes

500 g / 1 lb 2 oz de pollo deshuesado, cortado en cubitos

1 cebolla pequeña, rebanada

1 tomate, rebanado

1 pepino, rebanado

1 cucharadita de pasta de jengibre

1 cucharadita de pasta de ajo

2 chiles verdes, finamente picados

10 g de hojas de menta molidas

10 g de hojas de cilantro molidas

Sal al gusto

Para la marinada:

6-7 anacardos, molidos hasta obtener una pasta

2 cucharadas de nata líquida

Método

- Mezclar los ingredientes de la marinada. Marina el pollo en esta mezcla durante 4-5 horas.
- Ensartarlos y cocinarlos en una parrilla de carbón, dándoles la vuelta de vez en cuando.
- Adorne con cebolla, tomate y pepino. Servir caliente.

Patata Tikki

(bola de masa de patata)

por 12

ingredientes

4 patatas grandes, hervidas y trituradas

1 cucharadita de pasta de jengibre

1 cucharadita de pasta de ajo

Jugo de 1 limón

1 cebolla grande, finamente picada

25 g / 1 oz de hojas de cilantro alternativo, picadas

¼ cucharadita de chile en polvo

Sal al gusto

2 cucharadas de harina de arroz

3 cucharadas de aceite vegetal refinado

Método

- Mezclar las patatas con la pasta de jengibre, la pasta de ajo, el jugo de limón, la cebolla, las hojas de cilantro, el chile en polvo y la sal. Mezclar bien. Formar albóndigas.
- Espolvorea las albóndigas con harina de arroz.
- Calienta el aceite en una sartén antiadherente. Freír las albóndigas a fuego medio hasta que estén doradas. Escurrir y servir caliente con chutney de menta.

Batata Vada

(Bola de masa de patata frita rebozada)

Hace 12-14

ingredientes

1 cucharadita de aceite vegetal refinado y extra para freír

½ cucharadita de semillas de mostaza

½ cucharadita de urad dhal*

½ cucharadita de cúrcuma

5 patatas hervidas y puré

Sal al gusto

Jugo de 1 limón

250 g / 9 oz de besan*

Una pizca de asafétida

120 ml de agua

Método

- Calienta 1 cucharadita de aceite en una sartén antiadherente. Agregue las semillas de mostaza, el urad dhal y la cúrcuma. Déjalos crepitar durante 15 segundos.
- Viértelo sobre las patatas. Agrega también sal y jugo de limón. Mezclar bien.
- Divida la mezcla de papa en hamburguesas del tamaño de una nuez. Poner a un lado.
- Mezcle besan, asafétida, sal y agua hasta formar una pasta.
- Calienta el aceite restante en una sartén antiadherente. Sumerge las bolitas de patata en la masa y fríelas hasta que estén doradas. Escurrir y servir con el chutney de menta.

Mini brochetas de pollo

Para 8

ingredientes

350 g de pollo picado

125 g / 4½ oz de besan*

1 cebolla grande, finamente picada

½ cucharadita de pasta de jengibre

½ cucharadita de pasta de ajo

1 cucharadita de jugo de limón

¼ cucharadita de cardamomo verde molido

1 cucharada de hojas de cilantro picadas

Sal al gusto

1 cucharada de semillas de sésamo

Método

- Mezclar todos los ingredientes excepto las semillas de sésamo.
- Divida la mezcla en bolitas y espolvoree con semillas de sésamo.
- Hornee a 190ºC (375ºF, marca de gas 5) durante 25 minutos. Sirva caliente con chutney de menta.

Lentejas Asadas

por 12

ingredientes

2 cucharadas de aceite vegetal refinado y extra para freír

2 cebollas pequeñas, finamente picadas

2 zanahorias, finamente picadas

600 g / 1 libra 5 oz masoor dhal*

500 ml / 16 onzas líquidas de agua

2 cucharadas de cilantro molido

Sal al gusto

25 g / 1 oz de hojas de cilantro alternativo, picadas

100 g de pan rallado

2 cucharadas de harina blanca natural

1 huevo batido

Método

- Calienta 1 cucharada de aceite en una sartén antiadherente. Agrega las cebollas y las zanahorias y saltea a fuego medio durante 2-3 minutos, revolviendo frecuentemente. Agrega el masoor dhal, el agua, el cilantro molido y la sal. Dejar cocer a fuego lento durante 30 minutos, revolviendo.
- Agrega las hojas de cilantro y la mitad del pan rallado. Mezclar bien.
- Formar salchichas y cubrir con harina. Pasar las hamburguesas por el huevo batido y pasarlas por el resto del pan rallado. Poner a un lado.
- Calienta el aceite restante. Fríe las hamburguesas hasta que estén doradas, volteándolas una vez. Sirva caliente con chutney de coco verde.

Poha nutritiva

Para 4 personas

ingredientes

1 cucharada de aceite vegetal refinado

125 gramos de maní

1 cebolla, finamente picada

¼ cucharadita de cúrcuma

Sal al gusto

1 papa, hervida y picada

200 g / 7 oz de poha*, dejar en remojo durante 5 minutos y escurrir

1 cucharadita de jugo de limón

1 cucharada de hojas de cilantro picadas

Método

- Calentar el aceite en una cacerola. Saltear los cacahuetes, la cebolla, la cúrcuma y la sal a fuego medio durante 2-3 minutos.
- Agrega la papa y el poha. Saltee a fuego lento hasta que quede suave.
- Adorne con jugo de limón y hojas de cilantro. Servir caliente.

frijol común

(Frijoles con salsa picante)

Para 4 personas

ingredientes

300 g / 10 oz masoor dhal*, remojado en agua caliente durante 20 minutos

¼ cucharadita de cúrcuma

Sal al gusto

50 g de judías verdes finamente picadas

240 ml / 8 onzas líquidas de agua

1 cucharada de aceite vegetal refinado

¼ cucharadita de semillas de mostaza

Unas hojas de curry

Sal al gusto

Método

- Mezclar el dhal, la cúrcuma y la sal. Moler hasta obtener una pasta gruesa.
- Cocine al vapor durante 20 a 25 minutos. Dejar enfriar durante 20 minutos. Desmenuza la mezcla con los dedos. Poner a un lado.
- Cuece las judías verdes con el agua y un poco de sal en un cazo a fuego medio hasta que estén tiernas. Poner a un lado.
- Calentar el aceite en una cacerola. Agrega las semillas de mostaza. Déjalos crepitar durante 15 segundos. Agrega las hojas de curry y el dhal desmenuzado.
- Saltee durante unos 3-4 minutos a fuego medio hasta que estén tiernos. Agrega los frijoles cocidos y mezcla bien. Servir caliente.

Pan Chutney Pakoda

Para 4 personas

ingredientes

250 g / 9 oz de besan*

150 mililitros de agua

½ cucharadita de semillas de ajwain

125 g de chutney de menta

12 rebanadas de pan

Aceite vegetal refinado para freír.

Método

- Mezcle besan con agua para hacer una masa con la consistencia de una mezcla para panqueques. Agrega las semillas de ajwain y mezcla ligeramente. Poner a un lado.
- Unta la mostaza con menta sobre una rebanada de pan y coloca otra encima. Repita para todas las rebanadas de pan. Córtelos por la mitad en diagonal.
- Calienta el aceite en una sartén antiadherente. Sumerge los bollos en la masa y fríelos a fuego medio hasta que estén dorados. Sirva caliente con salsa de tomate.

Delicia de Methi Khakra

(bocadillo de fenogreco)

por 16

ingredientes

50 g de hojas frescas de fenogreco, finamente picadas

300 gramos de harina integral

1 cucharadita de chile en polvo

¼ cucharadita de cúrcuma

½ cucharadita de cilantro molido

1 cucharada de aceite vegetal refinado

Sal al gusto

120 ml de agua

Método

- Mezclar todos los ingredientes. Amasar hasta obtener una masa suave pero compacta.
- Divide la masa en 16 bolitas del tamaño de un limón. Extiéndelas formando discos muy finos.
- Calienta una sartén plana. Coloque los discos en la fuente para asar y cocine hasta que estén crujientes. Repite por el otro lado. Almacenar en un recipiente bien cerrado.

Escalopa verde

por 12

ingredientes

200 g de espinacas finamente picadas

4 patatas hervidas y puré

200 g/7 oz de mungo dhal*, hervido y triturado

25 g / 1 oz de hojas de cilantro alternativo, picadas

2 chiles verdes, finamente picados

1 cucharadita de garam masala

1 cebolla grande, finamente picada

Sal al gusto

1 cucharadita de pasta de ajo

1 cucharadita de pasta de jengibre

Aceite vegetal refinado para freír.

250 g de pan rallado

Método

- Mezcle las espinacas y las patatas. Agregue mung dhal, hojas de cilantro, chiles verdes, garam masala, cebolla, sal, pasta de ajo y pasta de jengibre. Mezclar bien.
- Divide la mezcla en porciones del tamaño de una nuez y forma cada chuleta.
- Calienta el aceite en una sartén antiadherente. Enrollar las chuletas en pan rallado y freír hasta que estén doradas. Servir caliente.

mano

(Tarta salada de sémola)

Para 4 personas

ingredientes

100 g de sémola

125 g / 4½ oz de besan*

200 g de yogur

25 g/botella muy pequeña de calabaza de 1 oz, rallada

1 zanahoria rallada

25 g / 1 oz de guisantes

½ cucharadita de cúrcuma

½ cucharadita de chile en polvo

½ cucharadita de pasta de jengibre

½ cucharadita de pasta de ajo

1 chile verde, finamente picado

Sal al gusto

Una pizca de asafétida

½ cucharadita de bicarbonato de sodio

4 cucharadas de aceite vegetal refinado

¾ cucharadita de semillas de mostaza

½ cucharadita de semillas de sésamo

Método
- Mezclar la sémola, el besan y el yogur en una cacerola. Agrega la calabaza rallada, la zanahoria y los guisantes.
- Agregue cúrcuma, chile en polvo, pasta de jengibre, pasta de ajo, chile verde, sal y asafétida para hacer la pasta. Debe tener la consistencia de la masa de un bizcocho. En caso contrario, añade unas cucharadas de agua.
- Agrega el bicarbonato de sodio y mezcla bien. Poner a un lado.
- Calentar el aceite en una cacerola. Agrega la mostaza y las semillas de sésamo. Déjalos crepitar durante 15 segundos.
- Vierta la masa en la sartén. Cubra con una tapa y cocine a fuego lento durante 10-12 minutos.
- Destapa y voltea la masa con cuidado con una espátula. Cubra nuevamente y cocine a fuego lento durante otros 15 minutos.
- Pinchar con un tenedor para comprobar si está bien cocido. Si se cocina, al tenedor saldrá limpio. Servir caliente.

Ghugra

(Mezzaluna con centros de verduras saladas)

Para 4 personas

ingredientes

5 cucharadas de aceite vegetal refinado más extra para freír

Una pizca de asafétida

400 g de guisantes enlatados, molidos

250 ml / 8 onzas líquidas de agua

Sal al gusto

5 cm de raíz de jengibre finamente picada

2 cucharaditas de jugo de limón

1 cucharada de hojas de cilantro picadas

350 gramos de harina integral

Método

- Calienta 2 cucharadas de aceite en una cacerola. Añade la asafétida. Cuando reviente añadir los guisantes y 120 ml de agua. Cocine a fuego medio durante 3 minutos.

- Agrega sal, jengibre y jugo de limón. Mezclar bien y cocinar por otros 5 minutos. Espolvorea con hojas de cilantro y reserva.

- Mezclar la harina con la sal, el agua restante y 3 cucharadas de aceite. Dividirlas en bolitas y extenderlas formando discos redondos de 10 cm de diámetro.

- Coloca un poco de la mezcla de guisantes en cada disco de manera que la mitad del disco quede cubierta con la mezcla. Dobla la otra mitad para formar una "D". Selle presionando los bordes juntos.

- Calienta el aceite. Freír los ghugras a fuego medio hasta que estén dorados. Servir caliente.

Brochetas de plátano

por 20

ingredientes

6 plátanos verdes

1 cucharadita de pasta de jengibre

250 g / 9 oz de besan*

25 g / 1 oz de hojas de cilantro alternativo, picadas

½ cucharadita de chile en polvo

1 cucharadita de amchoor*

Jugo de 1 limón

Sal al gusto

240 ml / 8 fl oz de aceite vegetal refinado para freír poco profundo

Método

- Hervir los plátanos con piel durante 10 a 15 minutos. Escurrir y pelar.

- Mezclar con los demás ingredientes, excepto el aceite. Formar albóndigas.

- Calienta el aceite en una sartén antiadherente. Freír las albóndigas hasta que estén doradas. Servir caliente.

Tartaletas De Verduras

por 12

ingredientes

2 cucharadas de arrurruz en polvo

4-5 patatas grandes hervidas y ralladas

1 cucharada de aceite vegetal refinado más extra para freír

125 g / 4½ oz de besan*

25 g de coco fresco rallado

4-5 anacardos

3-4 pasas

125 g de guisantes cocidos congelados

2 cucharaditas de semillas de granada secas

2 cucharaditas de cilantro molido grueso

1 cucharadita de semillas de hinojo

½ cucharadita de pimienta negra molida

½ cucharadita de chile en polvo

1 cucharadita de amchoor*

½ cucharadita de sal gruesa

Sal al gusto

Método

- Mezcla el arrurruz, las patatas y 1 cucharada de aceite. Poner a un lado.

- Para hacer el relleno, combine el resto de los ingredientes, excepto el aceite.

- Divida la mezcla de papa en hamburguesas redondas. Coloca una cucharada de relleno en el centro de cada hamburguesa. Ciérralos como una bolsa y aplánalos.

- Calienta el aceite restante en una cacerola. Freír las albóndigas a fuego lento hasta que estén doradas. Servir caliente.

Frijoles Bhel germinados

(Snack salado con frijoles germinados)

Para 4 personas

ingredientes

100 g de frijoles mungo germinados, hervidos

250 g kaala chana*, hervido

3 patatas grandes, hervidas y picadas

2 tomates grandes, finamente picados

1 cebolla mediana, picada

Sal al gusto

Para Decorar :

2 cucharadas de chutney de menta

2 cucharadas de chutney de mango dulce y picante

4-5 cucharadas de yogur

100 g de patatas fritas trituradas

10 g de hojas de cilantro picadas

Método
- Mezcle todos los ingredientes excepto los ingredientes de cobertura
- Decore en el orden de los ingredientes enumerados. Servir inmediatamente.

Aloo Kachori

(Bocadillo de patatas fritas)

por 15

ingredientes

350 gramos de harina integral

1 cucharada de aceite vegetal refinado, más extra para freír

1 cucharadita de semillas de ajwain

Sal al gusto

5 patatas hervidas y puré

2 cucharaditas de chile en polvo

1 cucharada de hojas de cilantro picadas

Método

- Mezclar la harina, 1 cucharada de aceite, las semillas de ajwain y la sal. Dividir en bolitas del tamaño de una lima. Aplana cada uno entre tus palmas y reserva.
- Mezclar las patatas, el chile en polvo, las hojas de cilantro y un poco de sal.
- Coloca una porción de esta mezcla en el centro de cada hamburguesa. Selle juntando los bordes.

- Calienta el aceite en una sartén antiadherente. Freír los kachoris a fuego medio hasta que estén dorados. Escurrir y servir caliente.

Dieta Dosa

(panqueque dietético)

por 12

ingredientes

300 g/10 oz de mungo dhal*, sumergido en 250 ml de agua durante 3-4 horas

3-4 chiles verdes

2,5 cm de raíz de jengibre

100 g de sémola

1 cucharada de crema agria

50 g de hojas de cilantro picadas

6 hojas de curry

Aceite vegetal refinado para engrasar

Sal al gusto

Método

- Mezcla el dhal con chiles verdes y jengibre. Moler juntos.
- Agrega la sémola y la crema agria. Mezclar bien. Agrega hojas de cilantro, hojas de curry y suficiente agua para hacer una pasta espesa.

- Unte con mantequilla una sartén plana y caliéntela. Vierta 2 cucharadas de masa encima y extienda con el dorso de una cuchara. Cocine por 3 minutos a fuego lento. Regresa y repite.
- Repita para la masa restante. Servir caliente.

Rodillo de alimentación

Da 8-10

ingredientes

200 g de espinacas finamente picadas

1 zanahoria, finamente picada

125 g de guisantes congelados

50 g de judías mungo germinadas

3-4 patatas grandes hervidas y en puré

2 cebollas grandes, finamente picadas

½ cucharadita de pasta de jengibre

½ cucharadita de pasta de ajo

1 chile verde, finamente picado

½ cucharadita de amchoor*

Sal al gusto

½ cucharadita de chile en polvo

3 cucharadas de hojas de cilantro finamente picadas

Aceite vegetal refinado para freír

8-10 chapati

2 cucharadas de chutney de mango dulce y picante

Método

- Cocine al vapor las espinacas, las zanahorias, los guisantes y los frijoles mungo.
- Mezclar las verduras al vapor con patatas, cebollas, pasta de jengibre, pasta de ajo, chile verde, amchoor, sal, chile en polvo y hojas de cilantro. Mezclar bien para obtener una mezcla homogénea.
- Forma pequeñas chuletas con la mezcla.
- Calentar el aceite en una cacerola. Freír las chuletas a fuego medio hasta que estén doradas. Escurrir y reservar.
- Unte un chutney de mango dulce y caliente sobre un chapatti. Coloca una chuleta en el centro y enrolla los chapatis.
- Repita para todos los chapatis. Servir caliente.

Sabudana Palak Doodhi Uttapam

(Tortitas de Sagú, Espinacas y Calabaza Embotellada)

por 20

ingredientes

1 cucharadita de toor dhal*

1 cucharadita de mungo dhal*

1 cucharadita de frijoles urad*

1 cucharadita de masoor dhal*

3 cucharaditas de arroz

100 g de sagú molido grueso

50 g de espinacas cocidas al vapor y molidas

¼ de botella de calabaza*, rallado

125 g / 4½ oz de besan*

½ cucharadita de comino molido

1 cucharadita de hojas de menta finamente picadas

1 chile verde, finamente picado

½ cucharadita de pasta de jengibre

Sal al gusto

100ml / 3½ onzas de agua

Aceite vegetal refinado para freír.

Método

- Muele juntos el toor dhal, el mung dhal, los frijoles urad, el masoor dhal y el arroz. Poner a un lado.
- Remoja el sagú durante 3-5 minutos. Vaciar completamente.
- Mezclar con el arroz molido y la mezcla de dhal.
- Agregue espinacas, calabaza, besan, comino molido, hojas de menta, chile verde, pasta de jengibre, sal y suficiente agua para hacer una pasta espesa. Dejar reposar durante 30 minutos.
- Unta con mantequilla una sartén y caliéntala. Vierte 1 cucharada de masa en el molde y extiéndela con el dorso de una cuchara.
- Tape y cocine a fuego medio hasta que la parte inferior esté de color marrón claro. Regresa y repite.
- Repita para la masa restante. Servir caliente con ketchup o chutney de coco verde.

Poha

Para 4 personas

ingredientes

150 g de poha*

1 1/2 cucharadas de aceite vegetal refinado

½ cucharadita de semillas de comino

½ cucharadita de semillas de mostaza

1 papa grande, finamente picada

2 cebollas grandes, en rodajas finas

5-6 chiles verdes, finamente picados

8 hojas de curry, picadas en trozos grandes

¼ cucharadita de cúrcuma

45 g de maní tostado (opcional)

25 g / 1 onza de coco fresco, rallado o raspado

10 g de hojas de cilantro finamente picadas

1 cucharadita de jugo de limón

Sal al gusto

Método
- Lava bien la poha. Escurre el agua por completo y deja la poha a un lado en un colador durante 15 minutos.
- Afloje suavemente los trozos de poha con los dedos. Poner a un lado.
- Calentar el aceite en una cacerola. Agrega el comino y las semillas de mostaza. Déjalos crepitar durante 15 segundos.
- Agrega las patatas picadas. Saltee a fuego medio durante 2-3 minutos. Agregue la cebolla, los chiles verdes, las hojas de curry y la cúrcuma. Cocine hasta que las cebollas estén transparentes. Retirar del fuego.
- Agrega la poha, el maní tostado y la mitad del coco rallado y las hojas de cilantro. Revuelva para mezclar bien.
- Espolvorea con jugo de limón y sal. Deje cocinar a fuego lento durante 4-5 minutos.
- Adorne con el coco restante y las hojas de cilantro. Servir caliente.

escalopes de verduras

Hace 10-12

ingredientes

2 cebollas, finamente picadas

5 dientes de ajo

¼ de cucharadita de semillas de hinojo

2-3 chiles verdes

10 g de hojas de cilantro finamente picadas

2 zanahorias grandes, finamente picadas

1 papa grande, finamente picada

1 remolacha pequeña, finamente picada

50 g de judías verdes finamente picadas

50 g de guisantes

900 ml / 1½ pintas de agua

Sal al gusto

¼ cucharadita de cúrcuma

2-3 cucharadas de besan*

1 cucharada de aceite vegetal refinado, más extra para freír

50 g de pan rallado

Método

- Muele 1 cebolla, ajo, semillas de hinojo, chiles verdes y hojas de cilantro hasta obtener una pasta suave. Poner a un lado.
- Combine las zanahorias, las patatas, las remolachas, las judías verdes y los guisantes en una cacerola. Agrega 500 ml de agua, sal y cúrcuma y cocina a fuego medio hasta que las verduras estén tiernas.
- Tritura bien las verduras y resérvalas.
- Mezcle el besan y el agua restante para formar una pasta suave. Poner a un lado.
- Calienta 1 cucharada de aceite en una cacerola. Agrega la cebolla restante y saltea hasta que esté transparente.
- Agrega la pasta de cebolla y ajo y sofríe por un minuto a fuego medio, revolviendo constantemente.
- Agrega el puré de verduras y mezcla bien.
- Retire del fuego y deje enfriar.
- Divida esta mezcla en 10-12 bolas. Aplana entre las palmas para hacer hamburguesas.
- Sumerge las albóndigas en la masa y pásalas por el pan rallado.
- Calienta el aceite en una sartén antiadherente. Freír las albóndigas hasta que estén doradas por ambos lados.
- Sirva caliente con salsa de tomate.

Uppit de soja

(bocadillo de soja)

Para 4 personas

ingredientes

1 1/2 cucharadas de aceite vegetal refinado

½ cucharadita de semillas de mostaza

2 chiles verdes, finamente picados

2 pimientos rojos, finamente picados

Una pizca de asafétida

1 cebolla grande, finamente picada

2,5 cm de raíz de jengibre cortada en juliana

10 dientes de ajo, finamente picados

6 hojas de curry

100 g de harina de soja*, asado seco

100 g de sémola seca tostada

200 g de guisantes

500 ml de agua caliente

¼ cucharadita de cúrcuma

1 cucharadita de azúcar

1 cucharadita de sal

1 tomate grande, finamente picado

2 cucharadas de hojas de cilantro finamente picadas

15 pasas

10 anacardos

Método

- Calentar el aceite en una cacerola. Agrega las semillas de mostaza. Déjalos crepitar durante 15 segundos.
- Agrega los chiles verdes, los chiles rojos, la asafétida, la cebolla, el jengibre, el ajo y las hojas de curry. Cocine a fuego medio durante 3-4 minutos, revolviendo frecuentemente.
- Añade los granos de soja, la sémola y los guisantes. Cocine hasta que ambos tipos de sémola estén dorados.
- Agrega el agua caliente, la cúrcuma, el azúcar y la sal. Cocine a fuego medio hasta que el agua se seque.
- Adorne con el tomate, las hojas de cilantro, las pasas y los anacardos.
- Servir caliente.

Upma

(Plato de desayuno de sémola)

Para 4 personas

ingredientes

1 cucharada de mantequilla clarificada

150 g de sémola

1 cucharada de aceite vegetal refinado

¼ cucharadita de semillas de mostaza

1 cucharadita de urad dhal*

3 chiles verdes, cortados a lo largo

8-10 hojas de curry

1 cebolla mediana, finamente picada

1 tomate mediano, finamente picado

750 ml / 1¼ litro de agua

1 cucharadita grande de azúcar

Sal al gusto

50 g de guisantes enlatados (opcional)

25 g de hojas de cilantro raras, finamente picadas

Método

- Calienta el ghee en una sartén antiadherente. Agrega la sémola y sofríe, revolviendo con frecuencia, hasta que la sémola esté dorada. Poner a un lado.
- Calentar el aceite en una cacerola. Agregue las semillas de mostaza, el urad dhal, los chiles verdes y las hojas de curry. Freír hasta que el urad dhal se dore.
- Agrega la cebolla y sofríe a fuego lento hasta que esté transparente. Añade el tomate y sofríe otros 3-4 minutos.
- Agrega el agua y mezcla bien. Cocina a fuego medio hasta que la mezcla comience a hervir. Mezclar bien.
- Agrega el azúcar, la sal, la sémola y los guisantes. Mezclar bien.
- Deje cocinar a fuego lento, revolviendo constantemente, durante 2-3 minutos.
- Adorne con hojas de cilantro. Servir caliente.

Fideos Upma

(Fideos de cebolla)

Para 4 personas

ingredientes

3 cucharadas de aceite vegetal refinado

1 cucharadita de mungo dhal*

1 cucharadita de urad dhal*

¼ cucharadita de semillas de mostaza

8 hojas de curry

10 maní

10 anacardos

1 papa mediana, finamente picada

1 zanahoria grande, finamente picada

2 chiles verdes, finamente picados

1 cm de raíz de jengibre finamente picada

1 cebolla grande, finamente picada

1 tomate, finamente picado

50 g de guisantes congelados

Sal al gusto

1 litro / 1¾ litro de agua

200 g de fideos

2 cucharadas de mantequilla clarificada

Método

- Calentar el aceite en una cacerola. Agregue mung dhal, urad dhal, semillas de mostaza y hojas de curry. Déjalos crepitar durante 30 segundos.
- Agrega los maní y los anacardos. Freír a fuego medio hasta que estén doradas.
- Agrega la papa y la zanahoria. Freír durante 4-5 minutos.
- Agrega los chiles, el jengibre, la cebolla, el tomate, los guisantes y la sal. Cocine a fuego medio, revolviendo con frecuencia, hasta que las verduras estén tiernas.
- Añadir el agua y llevar a ebullición. Mezclar bien.
- Agrega los fideos, revolviendo constantemente para evitar que se formen grumos.
- Cubra con una tapa y cocine a fuego lento durante 5-6 minutos.
- Agrega el ghee y mezcla bien. Servir caliente.

bonda

(patata cortada)

por 10

ingredientes

5 cucharadas de aceite vegetal refinado más extra para freír

½ cucharadita de semillas de mostaza

2,5 mm de raíz de jengibre, finamente picada

2 chiles verdes, finamente picados

50 g de hojas de cilantro finamente picadas

1 cebolla grande, finamente picada

4 patatas medianas, hervidas y trituradas

1 zanahoria grande, finamente picada y hervida

125 g de guisantes enlatados

Una pizca de cúrcuma

Sal al gusto

1 cucharadita de jugo de limón

250 g / 9 oz de besan*

200 ml / 7 onzas de agua

½ cucharadita de polvo para hornear

Método

- Calienta 4 cucharadas de aceite en una cacerola. Agrega las semillas de mostaza, el jengibre, los chiles verdes, las hojas de cilantro y la cebolla. Cocine a fuego medio, revolviendo ocasionalmente, hasta que la cebolla se dore.
- Agrega las patatas, la zanahoria, los guisantes, la cúrcuma y la sal. Deje cocinar a fuego lento durante 5 a 6 minutos, revolviendo ocasionalmente.
- Espolvorea con jugo de limón y divide la mezcla en 10 bolas. Poner a un lado.
- Mezclar la salsa, el agua y la levadura con 1 cucharada de aceite para formar la masa.
- Calentar el aceite en una cacerola. Sumerge cada bola de papa en la masa y fríe a fuego medio hasta que estén doradas.
- Servir caliente.

Dhokla instantáneo

(Pastel salado instantáneo al vapor)

Rinde 15-20

ingredientes

250 g / 9 oz de besan*

1 cucharadita de sal

2 cucharadas de azúcar

2 cucharadas de aceite vegetal refinado

½ cucharada de jugo de limón

240 ml / 8 onzas líquidas de agua

1 cucharada de polvo para hornear

1 cucharadita de semillas de mostaza

2 chiles verdes, cortados a lo largo

Unas hojas de curry

1 cucharada de agua

2 cucharadas de hojas de cilantro finamente picadas

1 cucharada de coco fresco, rallado

Método

- Mezcle besan, sal, azúcar, 1 cucharada de aceite, jugo de limón y agua para hacer una pasta suave.
- Unte con mantequilla un molde para pastel redondo de 20 cm.
- Agrega la levadura a la masa. Mezclar bien y verter inmediatamente en el molde untado con mantequilla. Cocer al vapor durante 20 minutos.
- Pinchar con un tenedor para comprobar si está bien cocido. Si el tenedor no sale limpio, vuelva a cocinar al vapor durante 5 a 10 minutos. Poner a un lado.
- Calienta el aceite restante en una cacerola. Agrega las semillas de mostaza. Déjalos crepitar durante 15 segundos.
- Agrega los chiles verdes, las hojas de curry y el agua. Deje cocinar a fuego lento durante 2 minutos.
- Vierta esta mezcla sobre el dhokla y déjala empapar en el líquido.
- Adorne con hojas de cilantro y coco rallado.
- Cortar en cuadritos y servir con chutney de menta.

Dal Maharani

(Lentejas Negras y Frijoles Rojos)

Para 4 personas

ingredientes

150 g de urad dhal*

2 cucharadas de frijoles borlotti

1,4 litros / 2½ pintas de agua

Sal al gusto

1 cucharada de aceite vegetal refinado

½ cucharadita de semillas de comino

1 cebolla grande, finamente picada

3 tomates medianos, picados

1 cucharadita de pasta de jengibre

½ cucharadita de pasta de ajo

½ cucharadita de chile en polvo

½ cucharadita de garam masala

120ml / 4fl oz de crema líquida fresca

Método

- Remoje el urad dhal y los frijoles rojos durante la noche. Escurrir y cocinar juntos en un cazo con el agua y la sal durante 1 hora a fuego medio. Poner a un lado.
- Calentar el aceite en una cacerola. Agrega las semillas de comino. Déjalos crepitar durante 15 segundos.
- Agrega la cebolla y sofríe a fuego medio hasta que esté dorada.
- Agrega los tomates. Mezclar bien. Agrega la pasta de jengibre y la pasta de ajo. Freír durante 5 minutos.
- Agregue el dhal y la mezcla de frijoles cocidos, el chile en polvo y el garam masala. Mezclar bien.
- Añade la nata. Deje cocinar a fuego lento durante 5 minutos, revolviendo con frecuencia.
- Sirva caliente con naan o arroz al vapor.

Milagu Kuzhambu

(Gramo rojo partido en salsa de pimienta)

Para 4 personas

ingredientes

2 cucharaditas de mantequilla clarificada

2 cucharaditas de semillas de cilantro

1 cucharada de pasta de tamarindo

1 cucharadita de pimienta negra molida

¼ de cucharadita de asafétida

Sal al gusto

1 cucharada de toor dhal*, cocido

1 litro / 1¾ litro de agua

¼ cucharadita de semillas de mostaza

1 pimiento verde, rebanado

¼ cucharadita de cúrcuma

10 hojas de curry

Método

- Calienta unas gotas de ghee en una sartén. Agrega las semillas de cilantro y saltea a fuego medio durante 2 minutos. Dejar enfriar y triturar.
- Combine con la pasta de tamarindo, la pimienta, la asafétida, la sal y el dhal en una cacerola grande.
- Agrega el agua. Mezclar bien y llevar a ebullición a fuego medio. Poner a un lado.
- Calienta el ghee restante en una cacerola. Agrega las semillas de mostaza, el chile verde, la cúrcuma y las hojas de curry. Déjalos crepitar durante 15 segundos.
- Agrega esto al dhal. Servir caliente.

Dal Hariyali

(Verduras de hoja con gramo de bengala partido)

Para 4 personas

ingredientes

300 g / 10 oz de toor dhal*

1,4 litros / 2½ pintas de agua

Sal al gusto

2 cucharadas de mantequilla clarificada

1 cucharadita de semillas de comino

1 cebolla, finamente picada

½ cucharadita de pasta de jengibre

½ cucharadita de pasta de ajo

½ cucharadita de cúrcuma

50 g de espinacas picadas

10 g de hojas de fenogreco, finamente picadas

25 g / 1 onza de hojas raras de cilantro

Método

- Cuece el dhal con el agua y la sal en una cacerola durante 45 minutos, revolviendo frecuentemente. Poner a un lado.
- Calienta el ghee en una cacerola. Agrega las semillas de comino, la cebolla, la pasta de jengibre, la pasta de ajo y la cúrcuma. Dorar durante 2 minutos a fuego lento, revolviendo constantemente.
- Agrega las espinacas, las hojas de fenogreco y las hojas de cilantro. Mezcle bien y cocine a fuego lento durante 5 a 7 minutos.
- Servir caliente con arroz cocido al vapor

Dhalcha

(Gramo de Bengala dividido con cordero)

Para 4 personas

ingredientes

150 g de chana dhal*

150 g / 5½ oz de toor dhal*

2,8 litros / 5 pintas de agua

Sal al gusto

2 cucharadas de pasta de tamarindo

2 cucharadas de aceite vegetal refinado

4 cebollas grandes, picadas

5 cm de raíz de jengibre rallada

10 dientes de ajo machacados

750 g de cordero picado

1,4 litros / 2½ pintas de agua

3-4 tomates, picados

1 cucharadita de chile en polvo

1 cucharadita de cúrcuma

1 cucharadita de garam masala

20 hojas de curry

25 g de hojas de cilantro raras, finamente picadas

Método

- Cuece los dhals con el agua y la sal durante 1 hora a fuego medio. Agrega la pasta de tamarindo y tritura bien. Poner a un lado.
- Calentar el aceite en una cacerola. Agrega las cebollas, el jengibre y el ajo. Freír a fuego medio hasta que estén doradas. Agrega el cordero y revuelve constantemente hasta que se dore.
- Añade el agua y cocina a fuego lento hasta que el cordero esté tierno.
- Agrega los tomates, el chile en polvo, la cúrcuma y la sal. Mezclar bien. Cocine por otros 7 minutos.
- Agrega el dhal, el garam masala y las hojas de curry. Mezclar bien. Hervir durante 4-5 minutos.
- Adorne con hojas de cilantro. Servir caliente.

Tarkari Dhalcha

(gramo de bengala dividido con verduras)

Para 4 personas

ingredientes

150 g de chana dhal*

150 g / 5½ oz de toor dhal*

Sal al gusto

3 litros / 5¼ pintas de agua

10 gramos de hojas de menta

10 g de hojas de cilantro

2 cucharadas de aceite vegetal refinado

½ cucharadita de semillas de mostaza

½ cucharadita de semillas de comino

Una pizca de semillas de fenogreco

Una pizca de semillas de kalonji*

2 pimientos rojos secos

10 hojas de curry

½ cucharadita de pasta de jengibre

½ cucharadita de pasta de ajo

½ cucharadita de cúrcuma

1 cucharadita de chile en polvo

1 cucharadita de pasta de tamarindo

500 g / 1 lb 2 oz de calabaza, finamente picada

Método

- Cuece los dos dhals con la sal, 2,5 litros de agua y la mitad de la menta y el cilantro en una cacerola a fuego medio durante 1 hora. Muele hasta obtener una pasta espesa. Poner a un lado.
- Calentar el aceite en una cacerola. Agrega las semillas de mostaza, el comino, la alholva y el kalonji. Déjalos crepitar durante 15 segundos.
- Agrega los chiles rojos y las hojas de curry. Freír a fuego medio durante 15 segundos.
- Agregue pasta dhal, pasta de jengibre, pasta de ajo, cúrcuma, chile en polvo y pasta de tamarindo. Mezclar bien. Cocine a fuego medio, revolviendo con frecuencia, durante 10 minutos.
- Agrega el resto del agua y la calabaza. Deje cocinar a fuego lento hasta que la calabaza esté bien cocida.
- Agrega las hojas restantes de menta y cilantro. Cocine durante 3-4 minutos.
- Servir caliente.

Dhokar Dhalna

(Dhal de curry frito en cubitos)

Para 4 personas

ingredientes

600 g / 1 libra 5 oz chana dhal*, remojar durante la noche

120 ml de agua

Sal al gusto

4 cucharadas de aceite vegetal refinado más extra para freír

3 chiles verdes, rebanados

½ cucharadita de asafétida

2 cebollas grandes, finamente picadas

1 hoja de laurel

1 cucharadita de pasta de jengibre

1 cucharadita de pasta de ajo

1 cucharadita de chile en polvo

¾ cucharadita de cúrcuma

1 cucharadita de garam masala

1 cucharada de hojas de cilantro finamente picadas

Método

- Muele el dhal con agua y un poco de sal hasta obtener una pasta espesa. Poner a un lado.
- Calienta 1 cucharada de aceite en una cacerola. Agrega los chiles verdes y la asafétida. Déjalos crepitar durante 15 segundos. Agrega la pasta dhal y un poco de sal. Mezclar bien.
- Extienda esta mezcla en un plato para que se enfríe. Cortar en trozos de 2,5 cm.
- Calentar aceite para freír en una sartén. Freír los trozos hasta que estén dorados. Poner a un lado.
- Calienta 2 cucharadas de aceite en una cacerola. Saltee las cebollas hasta que estén doradas. Tritúralos hasta obtener una pasta y resérvalos.
- Calienta la cucharada de aceite restante en una cacerola. Agregue la hoja de laurel, los trozos de dhal fritos, la pasta de cebolla frita, la pasta de jengibre, la pasta de ajo, el chile en polvo, la cúrcuma y el garam masala. Agrega suficiente agua para cubrir los trozos de dhal. Mezclar bien y cocinar a fuego lento durante 7-8 minutos.
- Adorne con hojas de cilantro. Servir caliente.

lagarto monitor

(Gramo rojo dividido simple Dhal)

Para 4 personas

ingredientes

300 g / 10 oz de toor dhal*

2,4 litros / 4 pintas de agua

¼ de cucharadita de asafétida

½ cucharadita de cúrcuma

Sal al gusto

Método

- Cuece todos los ingredientes en una cacerola durante aproximadamente 1 hora a fuego medio.
- Servir caliente con arroz cocido al vapor

dulce dhal

(Gramo rojo dulce partido)

Para 4-6 personas

ingredientes

300 g / 10 oz de toor dhal*

2,5 litros / 4 pintas de agua

Sal al gusto

¼ cucharadita de cúrcuma

Una buena pizca de asafétida

½ cucharadita de chile en polvo

trozo de azúcar moreno de 5 cm*

2 cucharaditas de aceite vegetal refinado

¼ cucharadita de semillas de comino

¼ cucharadita de semillas de mostaza

2 pimientos rojos secos

1 cucharada de hojas de cilantro finamente picadas

Método

- Lavar y cocinar el toor dhal con agua y sal en una sartén a fuego lento durante 1 hora.
- Agregue la cúrcuma, la asafétida, el chile en polvo y el azúcar moreno. Cocine por 5 minutos. Mezclar bien. Poner a un lado.
- En una cacerola pequeña, calienta el aceite. Agregue las semillas de comino, las semillas de mostaza y los chiles rojos secos. Déjalos crepitar durante 15 segundos.
- Viértelo en el dhal y mezcla bien.
- Adorne con hojas de cilantro. Servir caliente.

Dhal agridulce

(Gramo rojo roto agridulce)

Para 4-6 personas

ingredientes

300 g / 10 oz de toor dhal*

2,4 litros / 4 pintas de agua

Sal al gusto

¼ cucharadita de cúrcuma

¼ de cucharadita de asafétida

1 cucharadita de pasta de tamarindo

1 cucharadita de azúcar

2 cucharaditas de aceite vegetal refinado

½ cucharadita de semillas de mostaza

2 chiles verdes

8 hojas de curry

1 cucharada de hojas de cilantro finamente picacas

Método

- Cuece el toor dhal en una cacerola con agua y sal a fuego medio durante 1 hora.
- Agrega la cúrcuma, la asafétida, la pasta de tamarindo y el azúcar. Cocine por 5 minutos. Poner a un lado.
- En una cacerola pequeña, calienta el aceite. Agrega las semillas de mostaza, los chiles verdes y las hojas de curry. Déjalos crepitar durante 15 segundos.
- Vierta este condimento en el dhal.
- Adorne con hojas de cilantro.
- Sirva caliente con arroz al vapor o chapatis.

Mung-ni-Dhal

(gramo verde dividido)

Para 4 personas

ingredientes

300 g/10 oz de mungo dhal*

1,9 litros / 3½ pintas de agua

Sal al gusto

¼ cucharadita de cúrcuma

½ cucharadita de pasta de jengibre

1 chile verde, finamente picado

¼ cucharadita de azúcar

1 cucharada de mantequilla clarificada

½ cucharadita de semillas de sésamo

1 cebolla pequeña, picada

1 diente de ajo, picado

Método

- Hervir el mung dhal con el agua y la sal en una cacerola a fuego medio durante 30 minutos.
- Agrega la cúrcuma, la pasta de jengibre, el chile verde y el azúcar. Mezclar bien.
- Añade 120 ml de agua si el dhal está seco. Deja cocinar a fuego lento durante 2-3 minutos y reserva.
- Calienta el ghee en una cacerola pequeña. Agrega las semillas de sésamo, la cebolla y el ajo. Cocínalos por 1 minuto, revolviendo constantemente.
- Agrega esto al dhal. Servir caliente.

Dhal con cebolla y coco

(Gramo rojo partido con cebolla y coco)

Para 4-6 personas

ingredientes

300 g / 10 oz de toor dhal*

2,8 litros / 5 pintas de agua

2 chiles verdes, rebanados

1 cebolla pequeña, picada

Sal al gusto

¼ cucharadita de cúrcuma

1 ½ cucharadita de aceite vegetal

½ cucharadita de semillas de mostaza

1 cucharada de hojas de cilantro finamente picadas

50 g de coco fresco rallado

Método

- Hervir el toor dhal con agua, chiles verdes, cebolla, sal y cúrcuma en una cacerola a fuego medio durante 1 hora. Poner a un lado.
- Calentar el aceite en una cacerola. Agrega las semillas de mostaza. Déjalos crepitar durante 15 segundos.
- Viértelo en el dhal y mezcla bien.
- Adorne con hojas de cilantro y coco. Servir caliente.

Dahi Kadhi

(curry de yogur)

Para 4 personas

ingredientes

1 cucharada de besan*

250 g de yogur

750 ml / 1¼ litro de agua

2 cucharaditas de azúcar

Sal al gusto

½ cucharadita de pasta de jengibre

1 cucharada de aceite vegetal refinado

¼ cucharadita de semillas de mostaza

¼ cucharadita de semillas de comino

¼ de cucharadita de semillas de fenogreco

8 hojas de curry

10 g de hojas de cilantro finamente picadas

Método

- Mezclar el besan con el yogur, el agua, el azúcar, la sal y la pasta de jengibre en una cacerola grande. Mezclar bien para asegurar que no se formen grumos.
- Cocina la mezcla a fuego medio hasta que comience a espesar, revolviendo frecuentemente. Llevar a ebullición. Poner a un lado.
- Calentar el aceite en una cacerola. Agregue semillas de mostaza, semillas de comino, semillas de fenogreco y hojas de curry. Déjalos crepitar durante 15 segundos.
- Vierte este aceite sobre la mezcla de besan.
- Adorne con hojas de cilantro. Servir caliente.

espinacas

(Espinacas con gramo verde partido)

Para 4 personas

ingredientes

300 g/10 oz de mungo dhal*

1,9 litros / 3½ pintas de agua

Sal al gusto

1 cebolla grande, picada

6 dientes de ajo, picados

¼ cucharadita de cúrcuma

100 g de espinacas picadas

½ cucharadita de amchoor*

Una pizca de garam masala

½ cucharadita de pasta de jengibre

1 cucharada de aceite vegetal refinado

1 cucharadita de semillas de comino

2 cucharadas de hojas de cilantro finamente picadas

Método

- Cuece el dhal con el agua y la sal en una cacerola a fuego medio durante 30 a 40 minutos.
- Añade la cebolla y el ajo. Cocine por 7 minutos.
- Agregue la cúrcuma, las espinacas, el amchoor, el garam masala y la pasta de jengibre. Mezclar bien.
- Cocine a fuego lento hasta que el dhal esté tierno y se hayan absorbido todas las especias. Poner a un lado.
- Calentar el aceite en una cacerola. Agrega las semillas de comino. Déjalos crepitar durante 15 segundos.
- Viértelo sobre el dhal.
- Adorne con hojas de cilantro. Servir caliente

Dal Tawker

(Partir las lentejas rojas con el mango verde)

Para 4 personas

ingredientes

300 g / 10 oz de toor dhal*

2,4 litros / 4 pintas de agua

1 mango verde, sin hueso y cortado en cuartos

½ cucharadita de cúrcuma

4 chiles verdes

Sal al gusto

2 cucharaditas de aceite de mostaza

½ cucharadita de semillas de mostaza

1 cucharada de hojas de cilantro finamente picadas

Método

- Hervir el dhal con agua, trozos de mango, cúrcuma, chiles verdes y sal durante una hora. Poner a un lado.
- Calienta el aceite en una sartén y agrega las semillas de mostaza. Déjalos crepitar durante 15 segundos.
- Agrega esto al dhal. Deje cocinar a fuego lento hasta que espese.
- Adorne con hojas de cilantro. Servir caliente con arroz cocido al vapor

Dhal básico

(Gramo Rojo cortado con tomate)

Para 4 personas

ingredientes

300 g / 10 oz de toor dhal*

1,2 litros / 2 pintas de agua

Sal al gusto

¼ cucharadita de cúrcuma

½ cucharada de aceite vegetal refinado

¼ cucharadita de semillas de comino

2 chiles verdes, cortados a lo largo

1 tomate mediano, finamente picado

1 cucharada de hojas de cilantro finamente picadas

Método

- Cuece el toor dhal con el agua y la sal en una cacerola durante 1 hora a fuego medio.
- Agrega la cúrcuma y mezcla bien.
- Si el dhal queda demasiado espeso, añadir 120 ml de agua. Mezcle bien y deje reposar.
- Calentar el aceite en una cacerola. Agrega las semillas de comino y déjalas chisporrotear durante 15 segundos. Agrega los chiles verdes y el tomate. Freír durante 2 minutos.
- Agrega esto al dhal. Revuelva y cocine a fuego lento durante 3 minutos.
- Adorne con hojas de cilantro. Servir caliente con arroz cocido al vapor

Maa-ki-Dhal

(Gramo negro rico)

Para 4 personas

ingredientes

240 g de kaali dhal*

125 g de judías borlotti

2,8 litros / 5 pintas de agua

Sal al gusto

3,5 cm de raíz de jengibre cortada en juliana

1 cucharadita de chile en polvo

3 tomates, hechos puré

1 cucharada de mantequilla

2 cucharaditas de aceite vegetal refinado

1 cucharadita de semillas de comino

2 cucharadas de nata líquida

Método

- Remoje el dhal y los frijoles pintos juntos durante la noche.
- Cuece con agua, sal y jengibre en una cacerola durante 40 minutos a fuego medio.
- Agrega el chile en polvo, el puré de tomate y la mantequilla. Hervir durante 8-10 minutos. Poner a un lado.
- Calentar el aceite en una cacerola. Agrega las semillas de comino. Déjalos crepitar durante 15 segundos.
- Agrega esto al dhal. Mezclar bien.
- Añade la nata. Servir caliente con arroz cocido al vapor

Dhansak

(Gramo rojo partido parsi picante)

Para 4 personas

ingredientes

3 cucharadas de aceite vegetal refinado

1 cebolla grande, finamente picada

2 tomates grandes, picados

½ cucharadita de cúrcuma

½ cucharadita de chile en polvo

1 cucharada de dhansak masala*

1 cucharada de vinagre de malta

Sal al gusto

Para la mezcla de hal:

150 g / 5½ oz de toor dhal*

75 g / 2½ oz de mung dhal*

75 g de masoor dhal*

1 berenjena pequeña, cortada en cuartos

Trozo de calabaza de 7,5 cm, cortado en cuartos

1 cucharada de hojas frescas de fenogreco

1,4 litros / 2½ pintas de agua

Sal al gusto

Método

- Cocine los ingredientes de la mezcla de dhal en una cacerola a fuego medio durante 45 minutos. Poner a un lado.
- Calentar el aceite en una cacerola. Saltee las cebollas y los tomates a fuego medio durante 2-3 minutos.
- Agrega la mezcla de dhal y todos los demás ingredientes. Mezcla bien y cocina a fuego medio durante 5 a 7 minutos. Servir caliente.

Masoor Dal

Para 4 personas

ingredientes

300 g / 10 oz masoor dhal*

Sal al gusto

Una pizca de cúrcuma

1,2 litros / 2 pintas de agua

2 cucharadas de aceite vegetal refinado

6 dientes de ajo machacados

1 cucharadita de jugo de limón

Método

- Cuece el dhal, la sal, la cúrcuma y el agua en una cacerola a fuego medio durante 45 minutos. Poner a un lado.
- Calentar el aceite en una sartén y sofreír los ajos hasta que estén dorados. Agréguelo al dhal y espolvoree con jugo de limón. Mezclar bien. Servir caliente.

Panchemel Dal

(Mezcla de cinco lentejas)

Para 4 personas

ingredientes

75 g / 2½ oz de mung dhal*

1 cucharada de chana dhal*

1 cucharada de masoor dhal*

1 cucharada de toor dhal*

1 cucharada de urad dhal*

750 ml / 1¼ litro de agua

½ cucharadita de cúrcuma

Sal al gusto

1 cucharada de mantequilla clarificada

1 cucharadita de semillas de comino

Una pizca de asafétida

½ cucharadita de garam masala

1 cucharadita de pasta de jengibre

Método
- Cuece los dhals con agua, cúrcuma y sal en una cacerola durante 1 hora a fuego medio. Mezclar bien. Poner a un lado.
- Calienta el ghee en una cacerola. Freír el resto de los ingredientes durante 1 minuto.
- Agregue esto al dhal, mezcle bien y cocine a fuego lento durante 3-4 minutos. Servir caliente.

Cholar Dal

(gramo bengalí dividido)

Para 4 personas

ingredientes

600 g / 1 libra 5 oz chana dhal*

2,4 litros / 5 pintas de agua

Sal al gusto

3 cucharadas de mantequilla clarificada

½ cucharadita de semillas de comino

½ cucharadita de cúrcuma

2 cucharaditas de azúcar

3 dientes

2 hojas de laurel

2,5 cm de canela

2 vainas de cardamomo verde

15 g de coco picado y frito

Método
- Cuece el dhal con el agua y la sal en una cacerola a fuego medio durante 1 hora. Poner a un lado.
- Calienta 2 cucharadas de ghee en una sartén. Agrega todos los ingredientes excepto el coco. Déjalos crepitar durante 20 segundos. Agregue el dhal cocido y cocine, revolviendo bien, durante 5 minutos. Agrega el coco y 1 cucharada de ghee. Servir caliente.

Dilpas y Dhal

(Especial Lentejas)

Para 4 personas

ingredientes

60 g de frijoles urad*

2 cucharadas de frijoles borlotti

2 cucharadas de garbanzos

2 litros / 3½ pintas de agua

¼ cucharadita de cúrcuma

2 cucharadas de mantequilla clarificada

2 tomates, blanqueados y hechos puré

2 cucharaditas de comino molido, tostado en seco

125 g de yogur batido

120 ml de nata líquida

Sal al gusto

Método

- Mezclar los frijoles, los garbanzos y el agua. Remojar en una cacerola durante 4 horas. Agrega la cúrcuma y cocina por 45 minutos a fuego medio. Poner a un lado.
- Calienta el ghee en una cacerola. Agrega todos los ingredientes restantes y cocina a fuego medio hasta que el ghee se separe.
- Agrega la mezcla de frijoles y garbanzos. Cocine a fuego lento hasta que se seque. Servir caliente.

Dal Masour

(Lentejas rojas rotas)

Para 4 personas

ingredientes

1 cucharada de mantequilla clarificada

1 cucharadita de semillas de comino

1 cebolla pequeña, finamente picada

2,5 cm de raíz de jengibre finamente picada

6 dientes de ajo, finamente picados

4 chiles verdes, cortados a lo largo

1 tomate, pelado y hecho puré

½ cucharadita de cúrcuma

300 g / 10 oz masoor dhal*

1,5 litros / 2 pintas de agua

Sal al gusto

2 cucharadas de hojas de cilantro

Método

- Calienta el ghee en una cacerola. Agrega las semillas de comino, la cebolla, el jengibre, el ajo, los chiles, el tomate y la cúrcuma. Dorar durante 5 minutos, revolviendo con frecuencia.
- Agrega el dhal, el agua y la sal. Hervir durante 45 minutos. Adorne con hojas de cilantro. Servir caliente con arroz cocido al vapor

dhal de berenjena

(Lentejas con Berenjena)

Para 4 personas

ingredientes

300 g / 10 oz de toor dhal*

1,5 litros / 2 pintas de agua

Sal al gusto

1 cucharada de aceite vegetal refinado

50 g de berenjenas cortadas en cubitos

2,5 cm de canela

2 vainas de cardamomo verde

2 dientes

1 cebolla grande, finamente picada

2 tomates grandes, finamente picados

½ cucharadita de pasta de jengibre

½ cucharadita de pasta de ajo

1 cucharadita de cilantro molido

½ cucharadita de cúrcuma

10 g de hojas de cilantro, para decorar

Método

- Hervir el dhal con el agua y la sal en un cazo durante 45 minutos a fuego medio. Poner a un lado.
- Calentar el aceite en una cacerola. Agrega todos los ingredientes restantes excepto las hojas de cilantro. Freír durante 2-3 minutos, revolviendo constantemente.
- Agrega la mezcla de dhal. Hervir durante 5 minutos. Adorne y sirva.

Dhal Tadka amarillo

Para 4 personas

ingredientes

300 g/10 oz de mungo dhal*

1 litro / 1¾ litro de agua

¼ cucharadita de cúrcuma

Sal al gusto

3 cucharaditas de mantequilla clarificada

½ cucharadita de semillas de mostaza

½ cucharadita de semillas de comino

½ cucharadita de semillas de fenogreco

2,5 cm de raíz de jengibre finamente picada

4 dientes de ajo, finamente picados

3 chiles verdes, cortados a lo largo

8 hojas de curry

Método
- Cuece el dhal con el agua, la cúrcuma y la sal en un cazo durante 45 minutos a fuego medio. Poner a un lado.
- Calienta el ghee en una cacerola. Agrega todos los demás ingredientes. Freírlos durante 1 minuto y verterlos sobre el dhal. Mezclar bien y servir caliente.

rasam

(Sopa picante de tamarindo)

Para 4 personas

ingredientes

2 cucharadas de pasta de tamarindo

750 ml / 1¼ litro de agua

8-10 hojas de curry

2 cucharadas de hojas de cilantro picadas

Una pizca de asafétida

Sal al gusto

2 cucharaditas de mantequilla clarificada

½ cucharadita de semillas de mostaza

Para la mezcla de especias:

2 cucharaditas de semillas de cilantro

2 cucharadas de toor dhal*

1 cucharadita de semillas de comino

4-5 granos de pimienta

1 pimiento rojo seco

Método
- Ase en seco y muela los ingredientes de la mezcla de especias.
- Mezclar la mezcla de especias con todos los ingredientes excepto el ghee y las semillas de mostaza. Cocina por 7 minutos a fuego medio en una cacerola.
- Calienta el ghee en otra sartén. Agrega las semillas de mostaza y déjalas chisporrotear durante 15 segundos. Viértelo directamente en el rasam. Servir caliente.

Mung Dal sencillo

Para 4 personas

ingredientes

300 g/10 oz de mungo dhal*

1 litro / 1¾ litro de agua

Una pizca de cúrcuma

Sal al gusto

2 cucharadas de aceite vegetal refinado

1 cebolla grande, finamente picada

3 chiles verdes, finamente picados

2,5 cm de raíz de jengibre finamente picada

5 hojas de curry

2 tomates, finamente picados

Método

- Cuece el dhal con el agua, la cúrcuma y la sal en un cazo durante 30 minutos a fuego medio. Poner a un lado.
- Calentar el aceite en una cacerola. Agrega todos los demás ingredientes. Freír durante 3-4 minutos. Agrega esto al dhal. Deje cocinar a fuego lento hasta que espese. Servir caliente.

Mung verde entero

Para 4 personas

ingredientes

250 g de frijoles mungo remojados durante la noche

1 litro / 1¾ litro de agua

½ cucharada de aceite vegetal refinado

½ cucharadita de semillas de comino

6 hojas de curry

1 cebolla grande, finamente picada

½ cucharadita de pasta de ajo

½ cucharadita de pasta de jengibre

3 chiles verdes, finamente picados

1 tomate, finamente picado

¼ cucharadita de cúrcuma

Sal al gusto

120 ml de leche

Método
- Cuece los frijoles con el agua en una cacerola durante 45 minutos a fuego medio. Poner a un lado.
- Calentar el aceite en una cacerola. Agrega las semillas de comino y las hojas de curry.
- Después de 15 segundos, agregue los frijoles cocidos y todos los demás ingredientes. Mezclar bien y cocinar a fuego lento durante 7-8 minutos. Servir caliente.

Dahi Kadhi con Pakoras

(Curry a base de yogur con bolitas fritas)

Para 4 personas

ingredientes
Para las pakoras:

125 g / 4½ oz de besan*

¼ cucharadita de semillas de comino

2 cucharaditas de cebolla picada

1 pimiento verde picado

½ cucharadita de jengibre rallado

Una pizca de cúrcuma

2 chiles verdes, finamente picados

½ cucharadita de semillas de ajwain

Sal al gusto

Aceite para freír

Para el kadhi:

Dahi Kadhi

Método

- En un bol mezcla todos los ingredientes de la pakora, excepto el aceite, con suficiente agua para formar una pasta espesa. Freír las cucharas en aceite caliente hasta que estén doradas.
- Cocine el kadhi y agregue las pakoras. Hervir durante 3-4 minutos.
- Servir caliente con arroz cocido al vapor

Mango dulce inmaduro Dhal

(Partido Red Gram con mango verde)

Para 4 personas

ingredientes

300 g / 10 oz de toor dhal*

2 chiles verdes, cortados a lo largo

2 cucharaditas de azúcar moreno*, rallado

1 cebolla pequeña, rebanada

Sal al gusto

¼ cucharadita de cúrcuma

1,5 litros / 2 pintas de agua

1 mango verde, pelado y picado

1 ½ cucharadita de aceite vegetal refinado

½ cucharadita de semillas de mostaza

1 cucharada de hojas de cilantro, para decorar

Método

- Mezclar todos los ingredientes excepto el aceite, las semillas de mostaza y las hojas de cilantro en una cacerola. Cocine por 30 minutos a fuego medio. Poner a un lado.
- Calentar el aceite en una cacerola. Agrega las semillas de mostaza. Déjalos crepitar durante 15 segundos. Viértelo sobre el dhal. Adorne y sirva caliente.

Malai Dal

(Gramo negro partido con crema)

Para 4 personas

ingredientes

300 g/10 oz de urad dhal*, dejar en remojo durante 4 horas

1 litro / 1¾ litro de agua

500 ml de leche hervida

1 cucharadita de cúrcuma

Sal al gusto

½ cucharadita de amchoor*

2 cucharadas de nata líquida

1 cucharada de mantequilla clarificada

1 cucharadita de semillas de comino

2,5 cm de raíz de jengibre finamente picada

1 tomate pequeño, finamente picado

1 cebolla pequeña, finamente picada

Método

- Cuece el dhal con agua a fuego medio durante 45 minutos.
- Agrega la leche, la cúrcuma, la sal, el amchoor y la nata. Mezclar bien y cocinar durante 3-4 minutos. Poner a un lado.
- Calienta el ghee en una cacerola. Agrega las semillas de comino, el jengibre, el tomate y la cebolla. Freír durante 3 minutos. Agrega esto al dhal. Mezclar bien y servir caliente.

Sambhar

(Mezcla de Lentejas y Verduras cocidas con especias especiales)

Para 4 personas

ingredientes

300 g / 10 oz de toor dhal*

1,5 litros / 2 pintas de agua

Sal al gusto

1 cucharada de aceite vegetal refinado

1 cebolla grande, en rodajas finas

2 cucharaditas de pasta de tamarindo

¼ cucharadita de cúrcuma

1 chile verde, picado en trozos grandes

1 1/2 cucharaditas de polvo de sambhar*

2 cucharadas de hojas de cilantro finamente picadas

Para sasonar:

1 chile verde, cortado a lo largo

1 cucharadita de semillas de mostaza

½ cucharadita de urad dhal*

8 hojas de curry

¼ de cucharadita de asafétida

Método

- Mezclar todos los ingredientes de la vinagreta. Poner a un lado.
- Cuece el toor dhal con el agua y la sal en una cacerola a fuego medio durante 40 minutos. Triturar bien. Poner a un lado.
- Calentar el aceite en una cacerola. Agrega los ingredientes de la vinagreta. Déjalos crepitar durante 20 segundos.
- Agrega el dhal cocido y todos los demás ingredientes excepto las hojas de cilantro. Deje cocinar a fuego lento durante 8-10 minutos.
- Adorne con hojas de cilantro. Servir caliente.

tres dals

(Lentes Mixtas)

Para 4 personas

ingredientes

150 g / 5½ oz de toor dhal*

75 g de masoor chal*

75 g / 2½ oz de mung dhal*

1 litro / 1¾ litro de agua

1 tomate grande, finamente picado

1 cebolla pequeña, finamente picada

4 dientes de ajo, finamente picados

6 hojas de curry

Sal al gusto

¼ cucharadita de cúrcuma

2 cucharadas de aceite vegetal refinado

½ cucharadita de semillas de comino

Método

- Remoja los dhals en agua durante 30 minutos. Cocina con los demás ingredientes, excepto el aceite y el comino, durante 45 minutos a fuego medio.
- Calentar el aceite en una cacerola. Agrega las semillas de comino. Déjalos crepitar durante 15 segundos. Viértelo sobre el dhal. Mezclar bien. Servir caliente.

Methi-Pilon Sambhar

(baguettes divididas de fenogreco y gram rojo)

Para 4 personas

ingredientes

300 g / 10 oz de toor dhal*

1 litro / 1¾ litro de agua

Una pizca de cúrcuma

Sal al gusto

2 palillos indios*, Cortaco

1 cucharadita de aceite vegetal refinado

¼ cucharadita de semillas de mostaza

1 pimiento rojo, cortado por la mitad

¼ de cucharadita de asafétida

10 g de hojas frescas de fenogreco, picadas

1¼ cucharadita de polvo de sambhar*

1¼ cucharadita de pasta de tamarindo

Método

- Combine dhal, agua, cúrcuma, sal y muslos en una cacerola. Cocine por 45 minutos a fuego medio. Poner a un lado.
- Calienta aceite en una sartén. Agregue todos los ingredientes restantes y saltee durante 2-3 minutos. Agregue esto al dhal y cocine a fuego lento durante 7-8 minutos. Servir caliente.

Dal Shorba

(Sopa de lentejas)

Para 4 personas

ingredientes

300 g / 10 oz de toor dhal*

Sal al gusto

1 litro / 1¾ litro de agua

1 cucharada de aceite vegetal refinado

2 cebollas grandes, cortadas en rodajas

4 dientes de ajo machacados

50 g de hojas de espinaca finamente picadas

3 tomates, finamente picados

1 cucharadita de jugo de limón

1 cucharadita de garam masala

Método

- Cuece el dhal, la sal y el agua en una cacerola a fuego medio durante 45 minutos. Poner a un lado.
- Calienta el aceite. Saltee las cebollas a fuego medio hasta que estén doradas. Agregue todos los demás ingredientes y cocine por 5 minutos, revolviendo con frecuencia.

- Agréguelo a la mezcla de dhal. Servir caliente.

Delicioso mungo

(Mung entero)

Para 4 personas

ingredientes

250 g de frijoles mungos

2,5 litros / 4 pintas de agua

Sal al gusto

2 cebollas medianas, picadas

3 chiles verdes, rebanados

¼ cucharadita de cúrcuma

1 cucharadita de chile en polvo

1 cucharadita de jugo de limón

1 cucharada de aceite vegetal refinado

½ cucharadita de semillas de comino

6 dientes de ajo machacados

Método

- Remoja los frijoles mungo en agua durante 3-4 horas. Cocina en una cacerola con sal, cebolla, chiles verdes, cúrcuma y chile en polvo a fuego medio durante 1 hora.
- Agrega el jugo de limón. Hervir durante 10 minutos. Poner a un lado.
- Calentar el aceite en una cacerola. Agrega las semillas de comino y el ajo. Dorar durante 1 minuto a fuego medio. Viértelo en la mezcla de mungo. Servir caliente.

Masala Toor Dal

(Gramo rojo picante y picante)

Para 4 personas

ingredientes

300 g / 10 oz de toor dhal*

1,5 litros / 2 pintas de agua

Sal al gusto

½ cucharadita de cúrcuma

1 cucharada de aceite vegetal refinado

½ cucharadita de semillas de mostaza

8 hojas de curry

¼ de cucharadita de asafétida

½ cucharadita de pasta de jengibre

½ cucharadita de pasta de ajo

1 chile verde, finamente picado

1 cebolla, finamente picada

1 tomate, finamente picado

2 cucharaditas de jugo de limón

2 cucharadas de hojas de cilantro, para decorar

Método

- Cuece el dhal con agua, sal y cúrcuma en una cacerola durante 45 minutos a fuego medio. Poner a un lado.
- Calentar el aceite en una cacerola. Agrega todos los ingredientes excepto el jugo de limón y las hojas de cilantro. Dorar durante 3-4 minutos a fuego medio. Viértelo sobre el dhal.
- Agrega el jugo de limón y las hojas de cilantro. Mezclar bien. Servir caliente.

Mung dhal amarillo seco

(gramo amarillo seco)

Para 4 personas

ingredientes

300 g/10 oz de mungo dhal*, dejar en remojo durante 1 hora

250 ml / 8 onzas líquidas de agua

¼ cucharadita de cúrcuma

Sal al gusto

1 cucharada de mantequilla clarificada

1 cucharadita de amchoor*

1 cucharada de hojas de cilantro picadas

1 cebolla pequeña, finamente picada

Método

- Cuece el dhal con el agua, la cúrcuma y la sal en un cazo durante 45 minutos a fuego medio.
- Calienta el ghee y viértelo sobre el dhal. Espolvorea con amchoor, hojas de cilantro y cebolla. Servir caliente.

Urad entera

(gramo negro entero)

Para 4 personas

ingredientes

300 g de frijoles urad*, lavar

Sal al gusto

1,25 litros / 2½ pintas de agua

¼ cucharadita de cúrcuma

½ cucharadita de chile en polvo

½ cucharadita de jengibre seco en polvo

¾ cucharadita de garam masala

1 cucharada de mantequilla clarificada

½ cucharadita de semillas de comino

1 cebolla grande, finamente picada

2 cucharadas de hojas de cilantro finamente picadas

Método
- Cuece los frijoles urad con sal y agua en una cacerola durante 45 minutos a fuego medio.
- Agregue la cúrcuma, el chile en polvo, el jengibre en polvo y el garam masala. Mezclar bien y cocinar a fuego lento durante 5 minutos. Poner a un lado.
- Calienta el ghee en una cacerola. Agrega las semillas de comino y déjalas chisporrotear durante 15 segundos. Agrega la cebolla y sofríe a fuego medio hasta que esté dorada.
- Agrega la mezcla de cebolla al dhal y mezcla bien. Hervir durante 10 minutos.
- Adorne con hojas de cilantro. Servir caliente.

alevines

(Red Gram dividido con especias fritas)

Para 4 personas

ingredientes

300 g / 10 oz de toor dhal*

1,5 litros / 2 pintas de agua

½ cucharadita de cúrcuma

Sal al gusto

2 cucharadas de mantequilla clarificada

½ cucharadita de semillas de mostaza

½ cucharadita de semillas de comino

½ cucharadita de semillas de fenogreco

2,5 cm de raíz de jengibre finamente picada

2-3 dientes de ajo, finamente picados

2 chiles verdes, finamente picados

1 cebolla pequeña, finamente picada

1 tomate, finamente picado

Método

- Cuece el dhal con el agua, la cúrcuma y la sal en un cazo durante 45 minutos a fuego medio. Mezclar bien. Poner a un lado.
- Calienta el ghee en una cacerola. Agregue semillas de mostaza, semillas de comino y semillas de fenogreco. Déjalos crepitar durante 15 segundos.
- Agrega el jengibre, el ajo, los chiles verdes, la cebolla y el tomate. Cocine a fuego medio durante 3-4 minutos, revolviendo frecuentemente. Agrega esto al dhal. Servir caliente.

www.ingramcontent.com/pod-product-compliance
Lightning Source LLC
Chambersburg PA
CBHW071830110526
44591CB00011B/1278